ちくま新書

民主主義を疑ってみる

——自分で考えるための政治思想講

梅澤佑介
Umezawa Yusuke

1777

民主主義を疑ってみる——自分で考えるための政治思想講義【目次】

第5章　社会主義——過去の遺物か　285

まえがき

†空前の「民主主義」ブーム?

ここ数年、「民主主義」という言葉を冠した本が数多く出版されています。その内容は民主主義を擁護するものから批判するものまでヴァラエティに富んでいます。同じ立場に立つものであっても、切り口やアプローチはさまざまです。しかも著者を見ると、狭義の政治学者だけでなく、いわゆる文化人と呼ばれるような人たちも民主主義について一家言があるようです。出版業界ではいま民主主義がブームになっているように見えます。

また、民主主義ブームは本の世界にとどまりません。最近も安倍元首相銃撃事件に際して、「民主主義に対する挑戦」というフレーズがしきりに使われました。このことから窺えるのは、「民主主義」という言葉が一般にも認知されているということ、そしてそれだけでなく、「民主主義は大事だ」という認識も広く共有されているということです。むしろん政治思想は民主主義だけではありません。「○○主義」と名の付くものだけでも、自由主義、共和主義、社会主義、保守主義、全体主義、無政府主義など、いろいろなものがあります。にもかかわらず、ほとんど「民主主義」だけが日本のお茶の間にまで浸透するような格別の地位を占めているのです。

しかしながら、政治学者、なかんずく政治思想史研究者として断っておかなければならないことがあります。それは「民主主義は万能薬ではない」ということです。民主主義の基本は言うまでもなく「みんなで決める」ということにありますが、「みんなで決める」ということが時として、みんなのためにならない結果をもたらすこともあるのです。

「民主主義は大事だ」という認識をみんなが持っていることは大変望ましいことです。しかし、その「根拠」もあわせて考えることが重要です。そして民主主義の重要性を知ると同時に、その問題点も押さえておく必要があります。これらのことが民主主義に対する深い理解につながり、また民主主義を実際に守っていくことにもつながるのです。空気のように当たり前に存在する身近なものだからこそ、そのかけがえのなさを知るためにも、あえて一度距離を取ってみるというのも一つの手でしょう。タイトルにもある「民主主義を疑ってみる」という言葉はそのような作業を意図しています。

†「選挙は大事」というけれど……

反対に、これといった根拠もなく、ただなんとなく「民主主義は大事だ」と思っている状態は危険であるとすら言えます。

例えば、「政治的無関心」の問題は政治学科の学生の間でもしばしば話題に上ります。実際、筆者が大学教員として学生と接するなかで、多くの若者が「選挙に行くことは大事だ」という意識を持っていると感じます。これは政治に積極的に関心を持っている学生だけでなく、なんとなく政治学科に進んだという学生に関しても言えます。なかには「投票を義務化すべきだ（投票に行かない人に罰金を科すべきだ）」という意見に接することもあります。

ですが一方で、「みんなが政治学を勉強すべきだ」という意見を耳にすることはほとんどありません。むしろどちらかといえば、「国民全員が政治学を学ぶことは現実的ではない」という声のほうが聞こえてきます。しかし実際には、少なくともほんの一昔前まで、世界はそのような方向に向かっていました。二〇〇二年、イギリスでは労働党政権の下、政治リテラシーの涵養《かんよう》を目的とした「シティズンシップ」という科目が、中等教育段階の必修科目として導入されることになります（梅澤 二〇二〇、五―六頁）。この動きは世界中に波及し、日本でも一部の自治体で「市民科」という科目を採り入れる試みがなされました。つまり大学で政治学科を選んだ一部の国民だけでなく、全国民が一定の政治リテラシーを身につけるべきだという理念が実現に向けて動き出したのです。

しかし、このような流れは現在勢いを失いつつあります。二〇一一年には保守党政権の下、イギリスではシティズンシップ教育が必修科目から外されました。日本においても政治教育の必修化を求める声が政治学者以外から上がることは稀です。その一方で、「ポピュリズム」なる現象が世界各地で見られるようになっています。アメリカ合衆国の第一六代大統領であるエイブラハム・リンカンの有名な言葉に「人民の人民による人民のための統治」というものがありますが、「人民による」政治的判断が、「人民のため」にならない政治的帰結を引き起こしていると言えます。

この「人民による（by the people）」と「人民のための（for the people）」をつなぐ役割を果たすのが政治リテラシーです。投票率を上げたり、選挙権年齢を下げて票の母数、ないし国民全体に対する有権者の割合を増やしたりすることが問題の解決につながるとは限りません。票の量だけでなく質も重要なのです。本書は投票を含む政治的判断の際の「判断材料」を増やすという意味で、とりわけ「政治思想」に関するリテラシーの向上を目指しています。

†政治「思想」の重要性

ではなぜ政治「思想」を学ぶことが重要なのでしょうか。今日「思想」という言葉が想起させるのは、まずもって「机上の空論」というネガティヴなイメージでしょう。そこに「頭でっかちな学者の考えた」という形容句を付けたくなる人もいるかもしれません。あるいは「イデオロギー」という言葉に関連づけて、「偏った考え方」と理解している人もいると思います。いずれにしても、「政治思想」なるものに良いイメージを持っている人はあまり多くないのではないか、というのが思想史研究に長く携わってきた筆者の所感です。

しかしながら、政治思想史に疎い人ほど過去の思想家が練り上げた政治思想の影響下にあることが、実際に政治思想史という学問分野を研究していると分かってきます（堤林 二〇一六、二四頁参照）。人間は真空状態に生まれ落ち、誰にも頼ることなく、ゼロから思考を組み立てるわけではありません。人間が生まれ落ちるのは、多種多様な「政治思想」（ここでは「政治に関する体系的な考え」とゆるく定義しておきましょう）が渦巻く混沌とした世界です。生まれ落ちる時代や場所によって、どの政治思想が優勢でどの政治思想がそうではないかに差があります。そしてどの政治思想を大切にしてどの政治思想を蔑ろにするかの選択によって、将来の政治のあり方というものも変わってきます。

かつて戦後日本を代表する政治学者の丸山眞男《まるやままさお》（一九一四―九六）は、ビスマルクの言葉を引いて、政治を「可能性の技術」として捉えました（丸山 二〇一四、三五七―八頁）。つまり現実を可能性の束として捉えたうえで、どの可能性を伸ばし、どの可能性を抑えていくかという観点に、政治的な思考法の重要な契機を見いだしたのです。本書においてはこの「可能性」という言葉を「政治思想」と重ねて考えてみたいと思います。例えば先述した内容に関連づけて言うと、仮に票の量を重視するのが「民主主義」、票の質を重視するのが「共和主義」と考えたときに、現段階においてはどちらを選びとるべきか、ということです。この例に関しては両者は必ずしもトレードオフの関係にあるわけではありませんが、異なる政治思想どうしが対立するような状況も少なくありません。

そのとき人は政治的選択を迫られることになります。選択に際して、それぞれの政治思想が何を意味し、どのような重要性と問題点を有するのか、どのような場合にどの政治思想とどの政治思想が対立することになるのか、どの政治思想を支持すること（あるいは廃棄すること）がどのような世界を招来しうるのか、といったことを知っておくに越したことはないでしょう。そこで本書は民主主義、自由主義、共和主義、社会主義の四つの政治思想の、とりわけ現代の日本に関係が深いと思われる側面に注目しつつ、話を進めていきたいと思います。

これらの四つは反発し合う部分もあれば重なり合う部分もある、という関係にあります。

にもかかわらず、これらの四つがそれぞれある程度独立した体系的な政治思想をなしています。このように民主主義だけでなく、それ以外の政治思想もあわせて見ることによって、民主主義の意義と限界について考え、その欠点を補完する方法を模索していきましょう。

序　章

人間と政治

——なぜ市民が政治学を学ぶのか

《アテナイの学堂》(ラファエロ画)

1　政治責任について──「政治」というあまり気乗りのしない営み

「いただきます」という言葉があります。何をいきなり、と思われるかもしれませんが、これから特に初学者の皆さんには耳慣れない話が続くと思いますので、まずは身近なところから始めていきましょう。

私たちは普段、食事を始める前に何気なくこの言葉を口にしますが、その意味まで考えることはほとんどありません。それは私たちの日常生活を取り巻く、いわば「空気」のような言葉です。

ですが自然科学の知見に基づけば、われわれが「空気」という言葉でおおざっぱに捉えているものが実は窒素や酸素や二酸化炭素といった多種多様な要素から構成されていることが分かります。このように、当たり前のように存在するものを疑ってみるのも「学問」というものの役割の一つです。

では、この「いただきます」という言葉はいったい何のために存在しているのでしょうか。この言葉は、もちろん料理を振る舞ってくれた人に対する感謝を表す言葉として使われることもありますが、ときには犠牲となった動植物の命に対する感謝の念を込めてこの言葉を使う人もいます。健康に長生きしようとするならば、人間の命は他の動植物の命を奪うことなしには成り立ちえません。これを人間が生まれながらに背負った「罪」と考えるならば――もちろん「罪」の概念は実体として存在するものではなく、人間がつくり出した観念として存在するものですが――、人間は自ら創造した「罪」の概念によって苛《さいな》まれながら生きる、なんとも因果な存在だと言えます。

†「政界」と「政治の世界」

なぜこのような話をするのかといえば、「政治」というものについても似たようなことが言えるからです。そもそも「政治」とは何でしょうか。多くの人は、政治はいわゆる「政治家」というごく限られた集団だけが関わるものだと認識していることでしょう。しかしながら、多くの政治学者はそのようには考えません。「まえがき」にも登場した丸山は、このことを「政界」と「政治の世界」という二つの言葉を使って説明しています（丸山二〇一四、三五五―六頁）。

一方で「政界」は、狭義の政治家を取り巻く人間関係の総体を指しています。一般の人びとが「政治」と聞いてまず想像するのは、国会、閣議、日米首脳会談といった政治家の仕事だと思いますが、これは「政界」という狭い世界の出来事であって「政治の世界」の全体ではありません。もっと言うと、「政界」で政治家がどのように振る舞うかということは、政治家以外の一般市民を含む「政治の世界」のあり方によって決まってくるのです。

図0－1　丸山眞男

「政治とは何か」という問題をめぐる長年の論争にこの場で終止符を打つことはできませんが、少なくとも政治は政治家だけが関わる営みではないと断言することはできます。丸山は民主主義の発展を、政治が「政界」によって独占されていた状態から徐々に解放されていく過程として描いています（同、四一四頁）。つまり選挙権が拡大されていくにつれて、政治は政治家だけの意向によって決まるものではなく、一般市民の意向によっても大きく左右されるものになったのです。なぜなら政治家は、選挙で一般市民からの票を集めることができなければ、政治を直接動かすための、法的に保障されたさまざまな権限を行使することができないからです。

しかしながら、一般市民が政治に影響を与える回路はなにも「投票」だけにとどまりません。スコットランド出身の哲学者デイヴィッド・ヒューム（一七一一－七六）は次のように言いました。「統治の基礎となるものはただ世論だけである。そしてこの原理は、最も自由で最も民衆的な政体だけでなく、最も専制的で最も軍事的な政体にも当てはまるものである」(ヒューム 二〇一一、二五頁)。

実際、二〇二三年現在ウクライナを侵攻中のロシアのように、民主主義が機能していないと思われている国においても、為政者は国内の世論の支持を受けることで初めて統治を安定的なものとすることができます。もちろん日本のような民主主義国においても、選挙だけでなく「支持率」が為政者の進退を左右することがあります。このように一般市民は「投票」だけでなく「世論」を形づくることを通じて、政治に参加していると言えます。

†原罪としての政治責任

では「世論」とはどのように形成されるのでしょうか。このことに関しては、イギリスの哲学者バーナード・ボザンケ(一八四八―一九二三)の議論がヒントになります。ボザンケは「他者に影響を与えない個人的な行為」と「他者に影響を与える社会的行為」との間に境界線を引こうとするJ・S・ミル(第2章で詳述)に対して、人間個人が必然的に何らかの「社会」の中に生まれ落ちる限りは、「他者に影響を与えない行為」など存在しえないと断じています。さらに彼は、「もしわれわれが生涯ずっと寝たきりであったとしても、分別があり利己的でない雰囲気、あるいは利己的で浅薄な雰囲気をわれわれの周りに広めるかどうかという点で、他者に影響を与える」とまで言います（Bosanquet 1895, 13）。

無人島で生活するロビンソン・クルーソーでない限り、私たちは社会の中に存在しているだけで、たとえそれがどれほど微々たるものであったとしても、社会に対して常に何らかの影響を及ぼしながら生きています。そしてこの社会的影響が「微細ながらある」というのは、「まったくない」ということとは大違いです。なぜなら私たちは、社会全体のあり方の決定に参与しているという意味で、ある種の「政治責任」を負っていると言えるからです。

社会に生きる人間である限りは、たとえ政治家でなくとも、「政治責任」はこの世に生まれ落ちた瞬間から、まるで原罪のようにつきまといます。もちろん生まれたばかりの乳児と選挙権年齢直前の未成年には責任の差があるでしょう。あるいは一般市民と政治家の間にも責任の差はあるかもしれません。しかしながら、それはあくまでも程度の差にすぎません。狭義の職業政治家だけではなく、誰もが政治に対する責任を負っているという認識が本書の出発点となります。

†法律、道徳、政治

例えば、ある老人がスーパーで菓子パンを万引きしたとしましょう。法を犯した犯人は刑事責任を負うことになります。このとき、もし犯人が犯罪に至ってしまった背景に貧困などの社会的な要因があったとしても、情状酌量により刑が軽くなることはあるかもしれませんが、その刑事責任自体が当事者を超えて社会の他の成員（例えば犯人の親族や隣家の住民など）にまで拡散していくことは基本的にありません。むしろ法律的な観点からすると、当該事件の犯人を特定し、誰がどれくらいの法的責任を負うのか（量刑）を確定しなければなりません。その意味では、法律的《リーガル》な観点は責任を負う人間の範囲を狭める方向に働きます。

また、犯人は法的な責任に加え、道徳的《モラル》な責任も負わされることになるでしょう（moralという形容詞には、「精神の」というより広い意味があることも念頭に置いてください）。というのは、犯人は刑に服するだけでなく、社会からの道徳的な非難を浴びることが予想されるからです。多くの安定的な社会では、「法を犯す」という行為自体が非道徳的なものとみなされます。

ただし、この際、「貧困」という要因が両義的な作用を持ちうることには注意が必要です。すなわち、このような事件に関しては、貧困ゆえに法を犯した犯人に対して「同情の余地がある」と考える人と、「貧しくても真っ当に生きている人もいる」と、かえって道徳的＝精神論的な非難を強める人との両方が存在しうるのです。前者の考えを敷衍《ふえん》すると、犯人の周囲の人間の道義的責任を問うこともできそうです。ここに道徳と政治が重複する部分があります。

さて、それでは政治的《ポリティカル》な観点からはこのような事件に対して何が言えるでしょうか。政治が関わる一つの重要な目的として「秩序の維持」というものがあります。法が犯されている状態というのは、この目的の達成が脅かされている状態であると言えます。そしてその要因が貧困にあるとすれば、その問題を放置している人間、すなわち社会の他の成員にも「政治責任」はあるということになります。

ここで注意すべきは道徳的な観点と政治的な観点との違いです。政治的な観点からのここでの貧困に対するまなざしは、なにも「かわいそう」といったような同情的なものではありません。むしろ貧困を「秩序の維持」という価値を損なう要因と捉える冷厳な見方がここにはあります。貧者を助けることは、例えば第2章で見る「ヴィクトリアニズム」という一九世紀イギリスの道徳観においては、怠惰で自堕落な貧者を甘やかしてしまうものであるため、できる限り避けるべき行為だとみなされていました。にもかかわらず、政治的な観点からはこの反道徳的な手段が秩序維持という目的達成のために求められうるのです。このように、「政治」という特殊な領域においては、ときには多くの人の直感に反するような結論が導き出されることがあります。

そして、もしある犯罪に社会的要因があるとすれば、それは社会を形づくっている存在、すなわちわれわれにも責任があるということです。会ったこともない人間の犯罪の責任を自分も負っていると言われてあまり良い気がしないのは私だけではないでしょう。しかし、政治学を学ぶ者は、そうしたいくぶん気が滅入る事実にも向き合っていかなければなりません。そしてたとえ微々たるものであったとしても、社会を良くするために自分に何かできることはないかと考えるとき、そのヒントになるのが政治学という学問なのです。

2 人為と自然――運命としての政治?

†人間特有の営みとしての政治

それでは政治学において「政治」とはいったいどのような営みとして考えられてきたのでしょうか。一般に、現在「民主主義《デモクラシー》」という政治システムを採用している国家で用いられている「政治(politics)」概念の起源は、「民主政(デモクラティア)」誕生の地である古代ギリシアにさかのぼると考えられています。この古代ギリシアにおいて、政治について体系的に考える「政治思想」や「政治学」といったものも始まることになりますが、その最初期の哲学者であるアリストテレス（前三八四—前三二二）は、政治というものを人間特有の営みとして位置づけました。

アリストテレスによれば、一方で人間以外の動物は、あらかじめ定められた自然《ピュシス》の法則（物理法則などの外的なものから本能のような内的なものまで）に一方的に従うだけの存在です。例えばボウリングの球を思い浮かべてください。ボウリングの球は投げる際に加えられた回転の向きなどによって、右に行ったり左に行ったりしますが、ボウリングの球自体が意志を持ってどちらに曲がるかを選択しているわけではありません。アリストテレスにおいては人間と対比されたときの動物もこのような無機物と同じようにイメージされます。

それに対して他の動物とは区別されたものとしての人間は、自らが従う法《ノモス》を自らの手でつくり上げることができます（後で触れますが、この「ノモス」という古典ギリシア語はなかなか厄介で、「法」のほかに「慣習」や「人為」と訳されることもある、意味の幅が広い言葉だということを頭の片隅に置いておいてください）。この自ら「法をつくる」という行為の中に、「政治」というものの本質があると考えられていました。つまり人間は、他の動物とは違って、定められた運命に対して一方的に従属するだけの存在ではなく、選択意志を発揮して、人為《ノモス》によって自ら運命を切り開いていくべき存在だというのです。このように古代ギリシアにおける「政治」の概念は、人間らしい生き方（「善き生」）という観念と密接に結びついたものでした。

†政治と運命

ところがその後、ギリシアからローマへと地中海世界の覇権が移り、さらにローマが共和政から帝政に移行すると、多くの人びとにとってこのような「政治」概念は現実味を失っていきます。一般民衆が政治から締め出されたことで、政治は変えることのできない「運命」のようなものとして感じられるようになったのです。

古代の運命観の変化を象徴するものとして、東ゴート王国の哲学者ボエティウス（四八〇頃―五二四）の運命観が挙げられます（スキナー　一九九一、五〇頁以下）。彼は運命を「盲目の女神」に喩《たと》えました。政治や戦争といった公的な場で勇敢に振る舞えば、運命の女神が褒美を与えてくれる。かつてギリシアやローマの男たちはそのように考え、公的な事柄に積極的に献身していました。

しかし、ボエティウスはこのような運命観を否定します。運命の女神は盲目である。それゆえ人間がいくら頑張ったところで、運命の女神はそれを見てくれていない、と。運命は人間の努力とは無関係にあらかじめ定められている。そして政治も同様に、一般民衆の努力によってどうこうできるものではない。長い中世という時代には、政治に携わることのできたごく少数の人びとを除いて、法の作成に参加することで自ら運命を切り開いていくという発想自体が広く失われていきました。

このような運命観に再び変化が生じたのが、古代的な価値観が復活した「ルネサンス」という時代です。

図0－2　マキアヴェッリ

なかでも「近代政治学の祖」として位置づけられるニッコロ・マキアヴェッリ（一四六九―一五二七）は、ルネサンスによって甦った古代の運命観に基づき、人間の活動の半分が運命に、もう半分が力量に委ねられていると述べました（マキアヴェリ　二〇一八、二〇二頁）。むろん、彼は人間があらゆる物事を思い通りにコントロールできると言ったわけではありません。人間の活動には運によって左右される部分もあります。

しかしながら、人間は運命に対処することのできる存在です。そこで彼は運命の女神を「破壊的な河川」に喩えています（同、二〇三頁）。例えば毎年決まった時期に氾濫する河川があるとしましょう。そのこと自体は自然の摂理で定められており、人間が変えることはできません。ですが、増水することが分かっているのであれば、堤防を築くなどして人為的に対処することはできます。このように状況に応じて臨機応変に対処する能力を、彼は「力量（ヴィルトゥ）」と呼びました。そして近代民主主義の成立にとってはこのような運命観の変化が不可欠でした。

†政治責任からの逃走

では「現代」はどうでしょうか。現代日本においても、政治は自分たちの力によって変えることのできるものと信じられているでしょうか。

結論から言うと、現代は再び中世的な運命観の蔓延《まんえん》した時代であると言えそうです（ギャンブル 二〇〇二参照）。というのも、多くの国々で普通選挙が実現した結果、投票を媒介にした政治責任を多くの人びとが受け持つことになった一方で、一人一人の実質的な政治的影響力とそれに伴う政治責任の実感はきわめて薄いものへと希釈されてしまったからです。投票権がある人のほうがない人よりも当然政治責任は重いわけですが、それでも政治家ではない人たちからすれば、「窒素よりも酸素のほうが重い」と言われるのと同じくらいピンと来ないものでしょう。実際、現代日本の政治的無関心の背後には、このような市民一人一人の政治的影響力と政治責任の実感のなさがあります。

ただし、中世ヨーロッパ世界と決定的に異なるのは、現代日本には自由民主主義《リベラル・デモクラシー》的な諸制度が実現しているということです。私たちは何か政治的な意見があればそれを気兼ねなく発信することができますし、投票を通じて政治に参与することもできます。日本国憲法に「国民主権」が明記されていることはもはや常識となっています。にもかかわらず、「主権者」としての自覚を持っている人が日本にどれほどいるかは、投票率の低さが示すところです。

とはいえ、生きているだけで政治責任があるなんて言われたら、億劫《おっくう》な気分になるのも無理はありません。誰もがそのような責任から逃げ出したくなるでしょう。実際、社会心理学者のエーリッヒ・フロム（一九〇〇―八〇）は、近代人が自由を手にした結果、その自由に伴う責任の心理的な重みに耐え切れず、かえって自由を放棄することになるメカニズムを描き出しています。ドイツ生まれのユダヤ人であったフロムは、亡命先のアメリカで発表した『自由からの逃走』の中で、ナチス政権成立の心理的要因を分析しました（フロム 一九六五）。

キリスト教的な価値観が支配的だった中世封建社会においては、主に宗教的な教義が一般の人びとにとっても判断の拠りどころとなっていました。しかし近代化が進むにつれて、人びとは宗教的な価値観から解放され、法的にも社会的にも個人の自由な判断の余地が認められるようになります。さらに選挙権の拡大が進むと、人びとはいよいよ政治的な判断にも投票というかたちで加わることになりました。

ですが、これらの自由は近代人にとっての悩みの種でもありました。というのは、自由には責任が伴うからです。中世キリスト教世界においては、例えば聖職者のような存在が自分たちに代わって判断を下してくれていました。一般の人びとは、キリスト教の教義に則った清貧な生活をしていれば魂の救済が保証されていたのです。それに対して世俗化した世界を生きる近代人たちは、誰にも頼らず自ら判断を下し、そしてその判断に伴う責任を負わされることになりました。この重責から逃れる方法はたった一つ、それはキリスト教に代わる新たな権威を見つけることでした。この「新たな権威」とは言うまでもなくヒトラーのような独裁者のことです。

フロムの結論の要点の一つは、ヒトラーという一人の独裁者が企てた陰謀のように思われているナチス・ドイツの成立という出来事の責任を、ドイツの一般大衆にも見いだしたことにあります。後述するように、ヒトラーは民主主義的な手続きによって合法的に選出された独裁者でした。ワイマール憲法という当時最も先進的で民主主義的と言われた憲法を有していたドイツ人は、第一次世界大戦の多額の賠償金による難局を乗り切るため、話し合いにこだわる議会ではなく、カリスマ的指導者による独裁に期待をかけたのです。これはいわば「民主主義による民主主義の自殺」でした。

独裁者に判断を丸投げすることにより、人びとは主観的・心理的には政治責任から解放されたかもしれませんが、事実を客観的に見れば依然として政治責任は独裁者を選んだ人びとにあります。このようにフロムの研究は、政治責任から逃れることのできない人間の厳しい現実を突きつけるものでした。

†無為から生じる政治責任

政治責任から逃れる方法は本当にないのでしょうか。最後の頼みの綱として、「投票に行かない」という選択肢が残されているように見えるかもしれません。しかし残念ながら、この方法によっても、私たちは政治的選択から逃れることはできません。これに関しても丸山が、「政治から逃避することが、そのまま、それ自身が政治的意味をもつ」という逆説を指摘しています。つまり政治に無関心でいること、あるいは自分は政治に明るくないからといって選挙に行かないでいることは、一見政治的には無色透明で「中立」を保っているように見えますが、結果的には時の為政者に白紙委任状を渡し、「専制政治を容易にする」のに協力していることになります（丸山二〇一四、三五四頁）。

このように政治学においては、道徳とは異なり、内面でどう思っているかにかかわらず、外面的にどのような世界をつくり出すのにコミットしているかが問われることになります。

「無為自然」という言葉がありますが、いかに政治的選択を回避し、自然に身を任せて生きていこうとしても、その政治から逃れようとする選択自体が政治に影響を及ぼすのです。その意味で、作為（何かをすること）だけでなく無為（何もしないこと）からも政治責任は生じると言えます。

以上で述べてきたように、私たちは社会の中に生きている限り、政治的選択を完全に回避することはできません。選挙に行かなかったからといって、私たちの政治責任が解除されることはありません。だからこそ私たちは、自身の政治的判断を少しでもマシなものにしていくために、政治学という学問を学ぶ必要があるのです。

†政治的決断──政治と学問の対立

それではいったいどうすればこの重くのしかかる政治責任を果たしていくことができるのでしょうか。ここで人間にできることとできないことを確認しておく必要があります。

人間は全知全能の神ではありません。自分の思うがままに世界をつくり変えることはできませんし、慣性の法則や万有引力の法則といった自然法則を一から設定し直すこともできません。外面的な自然はおろか、自身の内面的な本能ですら完全に統御することはできません。一見明確な意図や見通しをもって行われたと思われる行為にも、「意図せざる帰結」が伴うことが多々あります。したがって、人間にはある行為がもたらす社会的帰結を完全に予測したうえで行動することは不可能なのです。

このことは政治と学問の違いとしても表れています。一方で学問（あるいは広い意味での哲学）は、真理の永続的探究に従事します。人間は全知全能の神とはなりえないにもかかわらず、常に学問という営みを通じて、永遠不変の真理に近づこうと努力を続けてきました（一方でこのような行為は神への挑戦とみなされ、例えばバベルの塔の寓話に見られるように、ときには人間自身によって戒められることもありましたが）。学問の自由が守られている限り、その営為が中断することはありません。

他方で政治においては、節目節目で「決断」が要求されることになります。人びとは必ずしも満足のいく検討が行われていないなかでも、その問題に関する暫定的な結論を出すことが求められます。このように不可避的に不十分な決断を積み重ねていかなければならないのが、学問とは区別された政治という活動の特徴であると言えます。

いくら科学技術の進歩した現代といえども、人間は万物を統制下に置く神になったわけではありません。人間の知識は日々更新されていきますし、いま「常識」とみなされているることも、いつかは「旧弊」や「迷信」として全面的に廃棄されるかもしれません。あのアインシュタインでさえ、晩年にはかつて原爆開発の推進に加担したことに対する悔恨を口にしたと言います。天才的な科学者でさえ、自分の行動がもたらす帰結のすべてを見通すことはできません。人間社会から「後悔」という言葉がなくなることはないでしょう。人民は無謬《むびゅう》の存在ではないのです。

†半神半獣としての人間

とはいえ人間は自然法則によって完全に規定された存在ではありません。人間は「選択意志」を持つ存在であり、一人一人の人間がどのように動くかを科学が完全に予測することは不可能です。この「意志」を持つことによる人間の予測不可能性が、いわゆる社会科学と呼ばれる分野をより複雑なものとしています。そして一般に社会科学に分類される政治学は、人間の多種多様な意志が複雑に絡み合って営まれる「政治」について探究していかなければならないのです。

もちろん政治学の歴史の中で、人間を不変の法則に従って動く「物体」のような存在として捉え、自然科学的な手法で人間社会の運動法則を明らかにしようとした人もいました。一七世紀のイングランド内乱期を生きたトマス・ホッブズ（一五八八―一六七九）という哲学者は、人間の根本的な原動力を自己保存欲求に見いだし、そこから絶対主義国家の正当性という結論を導き出そうと試みました（堤林 二〇一六、二一四頁以下）。要するに、いまイングランドでキリスト教の解釈をめぐって争っているアングリカンという宗派もピューリタンという宗派も、宗教的な教義の違いを超えてどちらも「人間」である限りは、「生命を維持する欲求を持つ」という点で一致しており、そしてその欲求を満たすためには、絶対的な権力を持つ国家に対してみんながおとなしく従うべきだというのです。

図0-3　ホッブズ

しかしながら、ホッブズのこのような試みは、その後の政治学史の展開を見ると必ずしも成功を収めたとは言えません。というのも国家は完全に善なる神のような存在ではなく、恣意的に権力を行使する可能性があるため、国家がかえって臣民の生命を脅かすこともありうるからです。またそのような実践的な問題に加えて、人間の動物的な側面をことさらに強調するホッブズの政治理論は、「自分を縛る法律《ノモス》の作成に自分も関わる」という人間固有の能力を重視するアリストテレス以来の伝統的な政治学にコミットする人びとにとっては到底受け入れられないものでした。

人間は生存本能のような自然法則《ピュシス》によって一方的に規定されて動く物体のごとき存在ではなく、自らに法《ノモス》を課し、そのことにより「内なる自然」としての本能をある程度統御することができる存在です。神が自然界に法則を与えたように、人間は社会を法則に服せしめることができます。問題はその「神」の代わりを誰が務めるかです。ホッブズが望ましいと考えたように、絶対的な権力を持つ君主（または合議体）が「神」の代わりを務めることもできますが、その君主は全知全能の神でもなければ完全に善なる神でもないということを忘れるべきではありません。かといって民主主義を採用したとしても、「人民」もまた神ではないのです。

政治学を学ぶ者にはこのようなバランス感覚が求められます。自然によって一方的に規定される存在ではなく、自然をある程度統御することはできるものの、かといって自然から完全に自由でもない、言ってみれば「半神半獣」のような存在としての人間。このような認識が、おおむね政治学という学問の出発点となっていると言えます。現世に「神」のような存在を求めるナイーヴな姿勢は、独裁かポピュリズムという悲惨な結末に行き着くのが関の山でしょう。人間の弱さと向き合いながら、人間にできることを探していくことが肝心です。

3　政治リテラシーの涵養に向けて

†政治と道徳

本書のねらいの一つは政治思想史という学問を通じたある種の「政治リテラシー」の涵養ですが、そのためにまず重要なのが、政治的判断と道徳的判断を区別することです。というのも、一昔前に「自衛隊は暴力装置である」という（政治学的に見れば当たり前の）発言が政治家や世間からの大バッシングを受けたことからも分かるように、日本においては特に両者が混同されがちだからです。

もちろん政治と道徳には重なり合う部分もあります。少なくとも近代以前の政治学においては、為政者に求められる資質は「道徳的に優れている」ということでした。例えば古代共和政ローマの時代を生きたキケロ（前一〇六―前四三）という哲学者は、政治に携わる人間が身につけるべき資質として、「誠実さ」「慈悲深さ」「気前の良さ」といった徳目を挙げています。要するに彼は、道徳的に評価されるようなことをしていれば、政治的にも良い結果がついてくると考えたのです。

このような考え方を覆したのはまたしてもマキアヴェッリでした（スキナー 一九九一、六九頁以下）。彼は君主に求められる資質として、キケロと正反対の「狡猾《こうかつ》さ」「冷酷さ」「けち」という性質を挙げます。君主は良い人間だけでなく悪い人間にもなれなければならない。そうでないと、目まぐるしく変転する世の中で自国を守っていくことができない。政治の世界で道徳にこだわる者は破滅するのが落ちである、とマキアヴェッリは考えました。ここで彼は、政治と道徳をはっきりと区別したのです。

このような政治と道徳の対立をさらに鮮明なかたちで示したのが、二〇世紀ドイツの社会学者マックス・ウェーバー（一八六四―一九二〇）でした。ウェーバーは特にキリスト教の教義に由来する欧米社会の道徳観を念頭に置いて、政治と道徳の対立が最も先鋭化する「暴力」の問題を取り上げます。

図0-4　ウェーバー

一方でキリスト教道徳においては、聖書に「悪人に手向かってはならない。だれかがあなたの右の頬を打つなら、左の頬をも向けなさい」とあるように、暴力は基本的に禁じられています。これは何も、体系化された教義を持つ宗教を自覚的に採用している社会に限った話ではなく、先ほどの

「自衛隊＝暴力装置」発言に過敏な反応を示した日本の道徳観にも言えることでしょう。

他方でウェーバーは政治的な観点に立って次のように返します。「あなたは悪人に力で抵抗すべきです。そうしなければ、悪人がはびこる。それはあなたの責任になる」（ウェーバー 二〇一八、一九二頁、訳文の傍点は省略）。暴力のない世界が実現したらどんなにすばらしいことでしょう。しかし現実には「悪」が存在し、またそれを排除するための暴力も必要となります。政治とは神の裁きを待つことなく、ときには暴力という道徳的な悪と結託して悪に対処する営みなのです。

†「悪さ加減の選択」としての政治

ウェーバーから多分に影響を受けた丸山は、おそらくこのような議論を念頭に置いて、道徳と政治とを対比しています（丸山 二〇一四、四六頁）。彼によれば、一方で道徳はもっぱら人間の内面に働きかけるものです。これらの立場の主目的は人間の内面を変えることであり、たとえ人間が善い行いをしたとしても、それが邪《よこしま》な動機から生じたものでは意味がありません。

他方でそれらとは区別された政治という営みは、人間の内面的な変革はひとまず措いておいて、まずはとにかく人間を自分の目的に沿うように動かすことを目指します。そのためには、動かしたい人間が何を求めているかを正確に把握したうえで、その人間に褒美をちらつかせたり、あるいは大切にしているものを奪ったりする必要があります。

今日の日本においても政治家の人間性に対する嘆きの声が一般市民の間から広く聞こえてきますが、この嘆きには道徳と政治の混同が端的に表れています。政治に「不潔なもの」というイメージが付きまとう原因に関して丸山は、「実は政治がきたないというより、現実の人間そのものが、あいにく天使に生れついていないのである」と述べています。

人間は神でもなければ天使のような高潔な存在でもありません。それは政治家も一般市民も同じです。政治学という学問はこのようなある種の諦念から出発します。特定の政治家をメシアのような存在として崇め、それに全面的に帰依するのではなく、反対に「不潔なもの」としての人間をどのように操るのか。このような思考法が政治においては求められることになります。

丸山は別のところで福澤諭吉の言葉を引いて、「政治とは〝悪さ加減の選択〟である」とも言っています（丸山 二〇一四、三六九頁）。要するに、政治とはベストではなくベターの選択である、−1と−2を比べて前者を選ぶのが政治である、という意味ですが、ここでは「悪い」ということがそもそもの出発点となっています。選挙で政治家を選ぶときも同じことが言えます。悪を前提としたうえで、その悪を政治的目的の達成のためにいかに利用するか。このような冷厳な選択が「政治」という営みには求められるのです。

†政治の世界の複雑性

道徳という基準が必ずしも適切でないとすれば、いったい何をヒントに政治的決断を下していけばよいのでしょうか。そのヒントを探ることが本書の目的であり、またそれを押さえていくことが政治リテラシーの向上につながるわけですが、ここではその政治的決断の「前提」について話しておきたいと思います。

結論を先取りして言うと、現実政治は「民主主義的かどうか」という基準だけによって測られるべきではない、というのが本書の立場です。現実政治を構成する要素は民主主義だけではありません。そこには自由主義的な要素も共和主義的な要素も社会主義的な要素も含まれています（むろん、ここに挙げたものがすべてを網羅しているわけではありません）。

このことをイギリスの政治学者バーナード・クリック（一九二九―二〇〇八）は、アリストテレスに依拠して、「デモクラシーは善き統治の必要条件ではあるが十分条件ではない」という言葉で表現しています（クリック 二〇〇四、四四頁）。なんでもかんでもみんなで決めれば万事うまくいくわけではないのです。ときにはみんなが決めることに一定の制限を課すことも必要ですし、また専門家の意見を参考にしたほうがよい場合もあります。その意味で、「民主主義的か否か」というのは政治を評価する基準の〝一つ〟にすぎません。

政治とはこのように、多様な要素から構成されるきわめて複雑な人間の営みです。そして問題はその現実を構成する要素の一つ一つをどのように見分けるのかという点ですが、そのためのヒントの一つを提供してくれるのが「政治思想」です。

†「政治思想」とは何か

「政治思想とは何か」という問題もまた政治学者の頭を悩ますトピックの一つですが、本書では「政治思想」というもののいくつかの異なる次元に着目して話を進めていきます。

おおざっぱに分けたときに、まず第一の次元としては「制度」としての政治思想（制度化された政治思想）が挙げられます。例えば多くの人が「民主主義」という言葉から想起するのは「普通選挙」という制度でしょう。身分や財産に関わりなく投票権を認めるこの制度は、たしかに民主主義的であると言える側面を有していますし、また民主主義という「理念」を制度化したものであるとも言えます（ただし、この制度が民主主義的に運用されているかというと、それはまた別の話です。このことについては第1章で詳述します）。

もう一つ例を挙げると、「憲法」という制度は、思想史的に見ると「自由主義」という政治思想の具現化として位置づけることができます。にもかかわらず、特に今日の日本においてはこの制度は「民主主義」を表すものとして広く受け取られており、またそのような理解が大きな政治的問題にもつながっています。このことについては第2章で論じる予定です。

次に第二の次元として、「理念」としての政治思想、もしくは「原理」としての政治思想があります。ここに「綱領」としての政治思想という表現を加えることも可能かもしれませんが、とにかく「政治思想」なるものは、自覚的に体系化された思考の総体としての側面を持ちます。一般に「民主主義思想」や「自由主義思想」と呼ばれるものは、政治思想のこのような次元を指しています。

政治制度や社会制度というものは、体系化された確固たる原理によって基礎づけられることなしには、真に安定したものとはなりえません。この原理的な支えを欠く制度は、ふとしたことで簡単に動揺し、そして転覆してしまいます。

ここで注意してほしいのは、一人の人間がたった一つの政治思想にコミットしているとは限らないということです。「政治の世界」が多種多様な政治思想から構成されているように、人間個人の思考もまた種々の思想的側面を持ちます。むしろ優れた思想家であればあるほど、後のさまざまな政治思想の形成に影響を与えています。本書の複数の章にわたって登場することになるアリストテレスのような思想家はその典型でしょう。したがって、

「○○は△△主義者である」といった単純化された分類には注意が必要です。

さて、最後に第三の次元として、「心性」としての政治思想、もしくは「行動様式」としての政治思想を前二者から区別することが可能です。あるいはウェーバーの言葉を借りて、「エートス」（ある集団で広く共有された心的態度）としての政治思想と呼んでもよいかもしれません。つまり「制度」や「原理」に還元することのできない、ときに自覚すらされていないような「政治思想」のあり方というのがあるのです（図０－５）。

制度としての民主主義	多数決、普通選挙
理念としての民主主義	人民による統治
心性としての民主主義	多数派に権威を見いだす傾向

図０－５　「民主主義」の三つの次元

例えば先ほども触れたように、民主主義的な諸制度が民主主義的に運用されていないような場合があります。いわゆる「おまかせ民主主義」と呼ばれるのはまさにこのような事態です。本来主権者として振る舞うべき民衆が、数年に一度、まるで主人を選ぶ奴隷のように振る舞う現象は、なにも現代に特有のものではなく、一八世紀の民主主義者ジャン＝ジャック・ルソー（一七一二－七八）が批判した現象でもありました。このように民主主義の制度が民主主義の精神を喪失するという問題が起こりえます。

また反対に、いわゆる「自由主義者《リベラル》」を毛嫌いする人びとが、きわめて自由主義的に（あるいはネオリベラル的に）振る舞うという状況もよく観察されます。しかしながら、「ネオリベラリズム」という言葉は、その批判者が使用することはあっても、その信奉者が使用することは稀です。なぜならネオリベラリズムの信奉者たちの多くは、自らの立場を「ネオリベラリズム」として自覚するのではなく、「普通」や「中道」といった言葉で形容しているからです。このような「偏り」に対する無自覚な態度は、実は自由主義という政治思想そのものに内在するリスクなのですが、この問題については第5章で触れたいと思います。

†本書のアプローチ

とにかく「政治思想」という言葉の用法は、以上の三つに大別できます。そしてこれらの三つの異なる次元の政治思想が、かなりちぐはぐな構造を織り成しているのが、「政治の世界」の現状であると言えます。

しかし、特に政治思想の第三の次元として触れた「心性」としての政治思想にはある種の問題がつきまといます。それは、「自分の政治思想を自覚していない人間が、そもそも〝政治思想を持っている〟となぜ言えるのか」という問題です。もっと言うと、これは例えば「〝自由主義〟という言葉が存在しなかった時代にも〝自由主義者〟がいたとなぜ言えるのか」という問題でもあります。

この問題に対しては、本書の採用するやや特殊なアプローチから答えることができます。個人的な話で恐縮ですが、筆者が一冊目に書いた本（『市民の義務としての〈反乱〉』）では、各思想家の「意図」を重視するアプローチを採っていました。例えば現代的な視点から「リベラル」と位置づけられることの多いハロルド・ラスキという思想家が、実際には自覚的に同時代の「リベラル」を批判していたのであれば、彼の意図を尊重して彼をリベラルとしては位置づけないというアプローチです。

それに対し、筆者の二冊目にあたる本書では、それとは正反対のアプローチを採用します。つまり、「あえて現代的な視点から過去を振り返る」ということです。「民主主義」や「自由主義」という言葉の意味内容がある程度定まってきた現代政治学の視点から顧みれば、例えば「自由主義」という言葉が生まれる以前にも、きわめて「自由主義的」な考えを持っていた人びとを見いだすことができます。

かつてドイツの哲学者G・W・F・ヘーゲル（一七七〇―一八三一）は、「ミネルヴァの梟《ふくろう》は、夕暮れの訪れとともに、ようやく飛びはじめる」と述べました（ヘーゲル 二〇二一、四〇頁）。ミネルヴァとは知性を司る女神のことですが、要するに歴史的な出来事というものは、事が一段落したところでようやく、それが現代に対して持つ意味を解釈できるようになるということです。「民主主義」や「自由主義」といった言葉には、何か永遠不変の

「本質」的な意味があるわけではありません。たとえそれらの言葉に、人間の意識を離れた天上の意味があったとしても、人間である筆者にはそれを知ることができません。しかし、それらの言葉がどのような意味で使われてきたかという「歴史」を見ることで、それらの言葉の意味の輪郭をある程度画定することはできます。

そしてそれらの意味の輪郭が定まると、意図せずしてそれらの政治思想の発展に貢献してきた人びとの姿も見えてきます。同じヘーゲルが「理性の狡知」という言葉を残していますが、フランス人であるナポレオンが（ヘーゲルの眼から見ると）個人的な名声を追い求めながら意図せずしてドイツ全体の発展にも寄与したように、人間は意図せずして何か偉大な発展に貢献するということがあります。したがって本書ではこの歴史哲学的な方法論をあえて採用することによって、自覚的な「民主主義者」や「自由主義者」よりも叙述の対象を広げたいと思います。

小難しいことを述べましたが、要は政治思想に関する一般的な書物よりも、「民主主義」や「自由主義」といった言葉の外延（言葉が指し示す範囲）が広いということです。このことに注意したうえで、これ以降の叙述を読んでいただければと思います。有限な人間としての筆者から見た政治思想史の一部分を、できる限り興味深いかたちで描けていることを願っています。

第１章

民主主義
——それだけで十分か

《民衆を導く自由の女神》(ドラクロワ画)

「民主主義（democracy）」はいくぶん手垢のつきすぎた言葉です。実際、今日の日本において「民主主義」という言葉が意味するものは、多数決や普通選挙といった要素にとどまらず、ときには少数意見の尊重、また制度化されない議会外での運動や市民間での活発な討論など、きわめて広範なものを含むことがあります（宇野 二〇二〇、二四七—五一頁）。さらに「独裁」を民主主義の延長に位置づける議論も存在します（第3章）。

しかしながら、これらの特徴はとりわけ近代以降、民主主義が発展するなかでつけ加えられてきた要素であり、そのことがまた民主主義という概念の輪郭を見えにくくし、他の政治思想との区別を難しくしています。

そこで本章では、今日の民主主義の思想的ルーツとして知られる古代ギリシアまでさかのぼり、そこから民主主義思想の発展を概観したうえで、その意義と限界について検討することにしましょう。

1　古代民主政の誕生と衰退——デモクラシーの揺籃期

†民主政以前の時代の運命観と政治観

紀元前五世紀頃、現在のギリシア共和国があるバルカン半島とその周辺に、「ポリス」と呼ばれる無数の都市国家が並立していました。彼らは一つの大きな国家を形成していたわけではありませんが、それでも「ギリシア人」としての緩やかな同族意識を持って暮らしていました。この「古代ギリシア」と呼ばれる時代と地域を西洋政治思想史の出発点に据えるのが最も一般的です。

しかし、ギリシア人たちは最初から「民主政《デモクラテイア》」という国制（政治体制）を採用していたわけではありません。例えばホメロスの叙事詩が編纂《へんさん》されたとされる紀元前八世紀頃、多くのポリスは「王政《バシレイア》」、すなわち一人の指導者が政治権力を一手に握る国制を採っていたと言われています。しかしながら時代が下るにつれて、戦術の変化とともに平民階級の重要性が増し、王政を採っていたポリスは徐々に少数者が支配する「貴族政（アリストクラティア）」を経て、多数者が支配する「民主政」へと移行していくことになりました。

このような国制の変化は、ギリシア人の人間観の変化とも対応しています。ホメロスやヘシオドスの作品においては、人間は基本的に、神々の気まぐれによって振り回される存在として描かれています（堤林 二〇一六、六二頁）。この時代においては「政治」というものも、庶民にとって自分たちの力ではどうにもならないものでした。古代ギリシアに限らず、同じく王政が採られていたエジプトやペルシアといった古代オリエントの国々でも、神の意志を体現する国王が執り行う「政治」は、庶民にとっては一方的に押しつけられる「運命」のようなものだったのです。

†「政治」の誕生――自然から人為へ

このような政治観と運命観が、民主政を採用したポリス群において変容を遂げることになります。このことをよく表すエピソードが、ヘロドトスの『歴史』に描かれています（佐々木 二〇〇七、一七頁以下）。

紀元前五〇〇年、ギリシアのポリス群と東方のペルシア帝国との間に戦争が勃発します（ペルシア戦争）。バルカン半島に攻め入ってきたペルシア側の大軍に対し、ギリシア側の諸ポリスは連合軍を組織して立ち向かいました。圧倒的な戦力差をもって闘いに挑んだペルシア軍でしたが、団結したギリシア連合軍を前に敗走を余儀なくされます。この事実は、ギリシア人の誇りとして語り継がれることになりました。そしてヘロドトスはこの勝利の要因を、ギリシアとペルシアの国制の違いに求めています。

一方でペルシア帝国においては、政治権力が国王に集中していたため、残りの臣民は戦場でも、国王のふるう権力に対する「恐怖」から指揮官の命令に従っていました。それに対してギリシアの諸ポリスにおいては、都市国家を構成する市民は特定の人格に従うのではありません。彼らは「法《ノモス》」に従っていたのです。

この「ノモス」というギリシア語はかなり特殊で、かつ本書のキーワードでもあるので、一言説明しておきたいと思います。この言葉は「法」の他にも、「慣習」（ないし「伝統」）や「人為」といった訳語が充てられることがあります。つまり「法」という日本語が指し示すよりも意味内容が広く、一方で「慣習」や「伝統」と訳される場合、制度化された立法プロセスによるのではない、いわば「不文律」としての側面が強調されます。したがって一般市民だけでなく、戦場の指揮官も政治における指導者も等しくこのノモスの下に服していることになります。

また「人為」と訳される場合には、「自然《ピュシス》」の対義語としての側面が強調されます。ギリシア人にとって、人間は自然法則に従うのとまったく同じように法《ノモス》に従うわけではありません。なぜなら法《ノモス》は人間によって定められたものであり、それゆえに可変的なものだからです。この人為と自然の区別が後にギリシアの悲劇を引き起こすことになるのですが、とにかくここでは「ノモス」というギリシア語が含む広い意味内容に注意してください。

話を戻すと、ヘロドトスは、ギリシア人はこのような法《ノモス》の下に一致団結していたからこそ、指揮官の鞭に怯えるペルシア軍に勝《まさ》ったと考えました。このように「国王という特定の人格ではなくノモスに従っている」ということが、ギリシア人の誇りとアイデンティティを形成することになったのです。そして「政治」や「運命」というものもまた、国王や神といった存在によって一方的に押しつけられるものではなく、自分たちの手（人為《ノモス》）によってある程度コントロールできるものとして捉えられるようになります。

ただし、少なくともペルシア戦争の時代においてはまだ、運命や自然といったもののすべてを人間がどうにかできるとは考えられていませんでした。例えばこの頃に上演されたギリシア悲劇作品においても、神や自然の領域を侵犯する人間の「傲慢《ヒユブリス》」を戒める描写がよく見られます（堤林 二〇一六、六四頁以下）。

このように「政治」というのは、民主政が成立した頃の古代ギリシアにおいては、自然《ピユシス》の限界内で、人為《ノモス》によってなんとか運命の気まぐれに対処していく営みとしてイメージされていました。そしてこのような政治観が、後の西洋政治思想史の主流において継承されていくことになります。

†暴力から言葉へ

だからこそ「政治（ポリティケー）」という言葉自体が、民主政という政治体制と分かちがたく結びついたものとして、後の西洋政治思想史においても使われることになりました。民主政をとるポリスとして、ここではアテナイに着目して話を進めていきますが、そもそもアテナイの民主政とは、一朝一夕に生まれた国制ではありません。それはいくつもの段階を踏んで完成したものでした。

ここではそのすべてを詳細に追うことはできませんが、概してそれは「平民に対する貴族の譲歩」のプロセスであったと言うことができます。しかもそのプロセスは、譲歩を迫る民衆の「暴力」を背景に進行していきました。

紀元前六世紀以前のアテナイにおいて、政治は貴族政によって営まれていました。つまり政治は少数の貴族の仕事であり、多数の平民は政治から締め出されていたのです。しかし数と力の面で勝る平民は、当然こうした状況に不満を抱いていました。このことは貴族階級の内部にも、民衆を統治に取り込もうとする改革派と、貴族政を固守しようとする守旧派との分裂をもたらしました。そしてこの党派争いは、ときには武力衝突にまで発展し、ポリスの秩序を脅かすこともありました。

こうした混乱のなか、アテナイ人たちは、指導者不在の時代や「僭主《せんしゅ》」と呼ばれる者が独裁を敷く時代など、さまざまな苦い経験をしました。「民主政」という政治体制は、このような紆余曲折を経て、ようやく確立されたものでした。

二〇世紀のイギリスで首相を務めたウィンストン・チャーチルは、民主主義を「頭をかち割る代わりに、頭数を数える制度」と表現しましたが、アテナイにおける民主政の成立過程は、まさに民衆暴力が合理化されていく過程でもありました。平民が武装蜂起するたびに頭をかち割るのはコストがかかりますし、また貴族の側も無傷では済みません。

であれば、不満が起こるたびに武力衝突を繰り返すのではなく、「頭数を数える」だけで勝負を決したほうがお互いの損失も少なく済むでしょう。実際、戦争でも兵力の差を覆す大番狂わせが起こることは稀です。加えて平民とむやみに対立するよりも、むしろ平民の「力（クラトス）」を合理的に組織化し、統治機構にうまく組み込んだほうが、戦時にもより積極的な協力を期待できます。二〇世紀のイギリスにおいて、第一次世界大戦のときに銃後で戦争を支える女性に対して初めて選挙権が認められたのも偶然ではありません。

このように民主政とは、何か体系化された政治思想に基づく革命によってではなく、貴族の側の妥協と思惑によって推し進められた政治体制でした。このことは第4章で見る古代ローマの「共和政」という政治体制についても言えます。ですが古代ローマとは異なり、アテナイの民主政においては、「市民」の間での政治的権利の平等が実現することになりました（ただし、この「市民」が指す範囲に子どもや女性や奴隷や外国人が含まれなかったことには留意しておく必要があります）。

そこでは、いまで言う立法と行政と司法のすべてを市民が平等に負担していました。アテナイの民主政は「直接民主政」であったということがよく言われますが、将軍職という軍事指導者のような特別な地位を除いては、「選挙」という手段が用いられることはありませんでした。最高議決機関である「民会」は、現代日本における国会のように、有権者の選ぶ代議士が有権者の代わりに議論するのではなく、アテナイ市民が直接参加するものでした。また民会で決められたことを実行に移す役人は、くじ引きと輪番制によって選出されていました。司法も市民の中から選ばれた裁判官によって構成される「民衆裁判所」という機関が担っていました。

なかでも「民会」は古代ギリシアの民主政を象徴する重要な機関で、そこでは市民の平等な発言権（イセゴリア）が少なくとも形式的には認められていました。つまり民主政の世の中においては、腕っぷしの強さではなく、市民たちを説得する「言葉《ロゴス》」の力が重要となったのです。

序章ではとりわけ政治と暴力の密接不可分な関係を強調しましたが、古代ギリシアに生まれた「政治《ポリティケー》」の概念は、「力による強制」に加えて「言葉による説得」という要素をあらかじめ含むものとなりました（小野 二〇一五、四六頁）。つまりギリシア人は「政治《ポリティケー》」、すなわちポリスに関する事柄を「話し合い」によって決めていたのです。そしてこのことがまた、国王という特定の人格に従属するペルシア帝国のような国と、言葉による説得を通してつくられた法《ノモス》に従う自分たちとの違いとして認識され、ギリシア人のアイデンティティを形づくっていました。

†ノモスを相対化する視点

このように民主政成立後のアテナイでは「言葉《ロゴス》」というものの重要性が格段に増しました。しかし皮肉なことに、このことがかえってアテナイの民主政を動揺させることになります。

その原因は法《ノモス》の人為性が自覚されたことにありました。民主政を採用していたということで親近感を覚えそうにもなりますが、一般のギリシア人たちは世俗化された現代人よりもずっと信心深い人たちでした（堤林 二〇一六、五四―七頁参照）。そしてこのノモスというものもまた、神の加護を受けたものとして考えられていました。

ですが、実はアテナイに民主政が成立する以前から、このノモスを相対化する視点も存在していました。ギリシア人はエーゲ海に面したアナトリア半島の沿岸部（イオニア地方）にも植民地を持っていましたが、ここに住む「イオニア自然哲学者」と呼ばれる人たちは、辺境の地からギリシアの諸ポリスを眺めたときに、この伝統《ノモス》というものがポリスによって実に多様性に富んでいることに気づきます（福田 一九八五、一二―三頁）。今日の世界でも国ごとに憲法が大きく異なるように、古代ギリシアにおいても伝統《ノモス》という言葉が指す内容はポリスごとに多種多様でした。

そこでイオニア自然哲学者たちは、ポリスによって異なる法《ノモス》ではなく、この多様な世界を統べる普遍的な自然《ピュシス》法則の探究へと向かうことになります。万物の根源が何であるかを探究した彼らは、直接政治に関わる書物を残したわけではありませんが、それでもこのノモスを相対化する視点が民主政成立以前から存在したということは注目に値します。

さて、アテナイに話を戻すと、民主政が採用された紀元前五世紀頃のアテナイにおいては、「弁論術」という説得の技法が非常に重視されていました。というのは先述のとおり、民主政下においては「言葉」によって相手を説得することが、政治的にも重要となったからです。

そこでこの弁論術を教える「ソフィスト」と呼ばれる職業が大変重宝されるようになりました。初期のソフィストとしては、「人間は万物の尺度である」という言葉を残したプロタゴラス（前四八五頃―前四一〇頃）が有名です。このプロタゴラスを「世界史上最初の民主主義理論家」とする解釈もありますが（堤林 二〇一六、八八頁参照）、実際、民主政という政治体制とソフィストの思想とは相性のよいものでした。

例えばプロタゴラスによると、「神は存在するか否か」という問いに対して、われわれ人間は沈黙しなければなりません。なぜならそのような問いを解き明かすには人間の生はあまりにも短いからであり、またそのような問いに確固たる答えがあるとも思われないからです（廣川 一九九七、三六二頁、堤林 二〇一六、八八―九頁）。したがって人間は、超越的な問いの究明を断念し、感覚的に認識できる範囲で満足しなければならない。「人間は万物の尺度である」という言葉はこのようなことを意味していました。

つまりイオニア自然哲学者たちが追い求めたような、世界を統べる客観的な自然法則《ピュシス》にも人間は究極的には到達することができません。人間が学知を積み重ね、自然法則を明らかにしているかに見えても、実は神によってそのように欺かれているだけかもしれません。したがって、人間のあらゆる認識は主観の域を出ないのです。このようにプロタゴラスの言葉は、認識における人間の傲慢《ヒュブリス》をたしなめるものでした。

†ペロポネソス戦争とピュシスの主観化

しかしこのような認識が、ペルシア戦争に続くペロポネソス戦争前後で変化します（佐々木 二〇一二、三五頁以下）。ペロポネソス戦争は、民主政のアテナイを中心とするポリス群と、寡頭政《かとうせい》（または貴族政）のスパルタを中心とするポリス群との間の、ギリシア人どうしの戦争でした。そして紀元前四〇四年、アテナイはなんとこの戦争に負けてしまいます。

この敗戦の経験は、アテナイの民主政という国制に対しても混乱をもたらしました。ペルシア戦争でペルシア軍を追い返したアテナイは、民主政という自分たちの国制に自信をつけ、またそれに誇りを持ち、自分たちの法《ノモス》を信頼していました。しかしこの信頼が、ペロポネソス戦争敗戦を機に揺らぐことになります。

ペロポネソス戦争後の混乱はまず内部からもたらされました。戦争に負けたアテナイ人たちは、その「戦犯」を探し始めます。そして特に富裕層の人びとは、貧困層を政治に参加させたことがそもそもの間違いであったと言い出しました。つまり民主政を定めたアテナイの法《ノモス》そのものに疑惑の目を向けたのです。

スパルタはこのチャンスを逃しませんでした。敗戦の同年、スパルタによる協力の下、アテナイでは「三十人政権」と呼ばれる寡頭政が成立します。しかしこの三十人政権は貴族や富裕層を敵に回したため失望を買い、内乱の末、わずか一年でアテナイは民主政に復帰しました。

ですが、すべて元通りとはいきませんでした。この間、政体は二転三転しており、アテナイ人たちは自分たちのノモスが時の支配者の都合で次々と変えられていくのを目の当たりにしていました。なかにはノモスにペルシア戦争時代のような神聖さを見いださなくなってしまった人も少なくありませんでした。ノモスの権威が失墜してしまったのです。

こうした事態を背景に、ペロポネソス戦争の前後でソフィストの態度もまったく異なるものへと変質していきました。プロタゴラスに見られたような人間の能力に対する過信を戒める態度は、もはやこの時代のソフィストには見られません(堤林 二〇一六、九一頁)。後期のソフィストとして、プラトンの作品にも出てくるトラシュマコスという人物が挙げられますが、彼は客観的な正義の存在を信じるソクラテスに向かって、「正義とは強者の利益である」と言い放ちます。日本語にも「勝てば官軍」という言葉がありますが、要するに勝った者が正しく、負けた者が間違っているというのです。

このようなソフィストにとって、もはや自然《ピュシス》とは、イオニア自然哲学者たちが考えたような、人間の意識を離れて客観的・普遍的なかたちで存在するものではありませんでした。それはあくまでも主観的なものにすぎないのです。したがって、説得を通じて相手にそれが「自然」ないし「正義」であると納得させることができれば、それが「自然」ないし「正義」であるということになります。自然や正義の内容は言論によっていかようにも変えられるのです。

ここで「ピュシス」という古典ギリシア語についても一言補足しておきますと、この言葉も「ノモス」に劣らず厄介な言葉です。「自然」と訳されるのが一般的ですが、この言葉はラテン語のnaturaを経由して現代のnatureという英語につながっていることからも分かるように、「本性」や「本質」といった訳語が充てられることもあります。また、英語のnaturalには「当然の」という意味がありますが、この「ピュシス」という言葉にも「本来あるべき姿」という規範的なニュアンスが含まれることがあります。

さて、ペルシア戦争の時代には、このノモスとピュシスが幸運な一致の状態にありました。ポリスの伝統に従った結果、ペルシア戦争に大勝できたため、ノモスを疑う動機も目立って生じえなかったのです。しかし、ペロポネソス戦争で負けたことを機に、両者は分裂した状態に置かれることになります。つまり「現行法」は必ずしも「あるべき法」の姿をしていないかもしれない、といった疑念が生じたのです。アテナイ人たちにとって、ノモスはどこかよそよそしいものと感じられるようになりました。

しかし他方で法を超えた客観的なピュシスがあるとは思えない。すべては人間の主観にすぎない。そうなったとき、人間の善悪の基準はどこにあるのか。ソフィストたちはこの問いに対する答えを、やはり人間の「主観」に求めました。つまり各人がピュシスと考えることがピュシスであり、それを相手に言論で押し通すしかないのです。このように、ペロポネソス戦争がもたらした混乱は、「ピュシスの主観化」と呼ぶべき事態を招来する結果となりました。

†ソクラテスとソフィストの対決

このようにノモスの権威が動揺するなかで登場したのが、先ほども名前が出てきたソクラテス（前四六九頃―前三九九）という哲学者です。彼はペロポネソス戦争がもたらした混乱の時代を生き、「いかに生きるべきか」、すなわち「善」（あるいは「善き生」）の問題を探究しました。

ソクラテスは政治家や詩人や職人といった人たちを訪ね、「善とは何か」という問題について彼らと議論しました。彼らはみな、さも自身が「善とは何か」について熟知しているかのように語ります（プラトン 二〇一二、二二一―四〇頁）。しかしソクラテスが彼らと対話を重ねても、結局「善とは何か」に関する満足のいく答えは得られませんでした。

にもかかわらず、ソクラテスはあることに気づきました。それは、ソクラテスの対話相手がみな「善とは何か」を知らないのに知っているふりをしているのに対し、ソクラテス自身は自分が「善とは何か」を知らないということを自覚しているということです。彼はこうした対話活動を通じて「常識」と思われていることを相対化し、そして若者を中心に支持者を増やしていきました。

反面、ソクラテスのこのような活動は、特にアテナイの民主政を信奉する保守的な人たちからの不興を買うことになりました。三十人政権からやっとの思いで取り戻した民主政を、ソクラテスが一度括弧に入れて疑ってみるということをやり出したのですから無理もないかもしれません。ソクラテスの対話活動は、民主政そのものの存在意義を問いなおすポテンシャルを秘めていました。

ですがソクラテスの生きた時代には、特にそのような作業が必要とされていました。なぜならペロポネソス戦争後のアテナイにおいては、伝統や常識といったものが揺らいでいたからです。そうした動揺をさらに促進したのがソフィストたちでした。彼らは人びとに、どこかよそよそしく感じられる慣習《ノモス》の下で、自らの内なる本性《ピュシス》に忠実に生きていくための処世術を説きました。なかには政治を利用して私腹を肥やしたり名声欲を満たしたりすることを目指す煽動政治家《デマゴーグ》と呼ばれる人たちも出てきました。「自分さえよければいい」、このような風潮がアテナイに広まりつつありました。

一方でそれに危機感を覚えた人びとも、民主政を引き続き「伝統」として重んじるのみでした。このような対応の仕方では動揺は一向に収まりません。なぜなら「伝統は伝統だから大事にしなければならない」と説いたところで、もはや誰も説得されない時代になっていたからです。したがってソクラテスは、これまで伝統の尊さを説いてきた詩人や保守派の政治家たちとは別の手段をとる必要があると考えました。彼にとってはその手段というのが「哲学」だったのです。

†ソクラテスの死

後のキケロはソクラテスのことを、「哲学を天空から呼びおろした」人物と評していますが、ソクラテスはまさにイオニア自然哲学者が自然の原理を探究したようなやり方で、人間界の原理、すなわち「人はどう生きるべきか」を問い続けました。そのような知的営為は、ソクラテス以前には、少なくとも彼ほど自覚的には行われていませんでした。なぜならそのようなことを問う必要がそもそもなかったからです。それまではポリスごとのノモスが、人びとに人生の目的を指し示してくれていました。

しかしペロポネソス戦争後の、ノモスの権威が動揺したアテナイにおいては、人びとは生きる指針をなくしていました。そこで「善とは主観にすぎない」と説いて回ったのがソフィストだったわけですが、ソクラテスはこれとは反対に、「善」というものが客観的に存在することを信じていました。そして彼は人びととの対話を通じて、この「善」の内容を明らかにすることで、もう一度ノモスの権威を取り戻そうとしたのです。つまりみんなが「言葉《ロゴス》」を通じて現行のノモスのあり方に納得し、ノモスが哲学的な原理によって基礎づけられることになれば、衰弱したアテナイを立て直すことができるだろうと考えたわけです。このような点において、ソクラテスは民主政を奉ずる保守派の政治家たちと共闘関係に立っていました。

ところがソクラテスは、他でもない保守派の政治家によって訴えられることになります。彼が行った「疑ってみる」という作業の重要性は多くの人びとの理解を得ることができませんでした。保守的な人びとにとっては、「疑ってみる」ということは攻撃と同義であり、したがってソクラテスはソフィストとさして変わらない存在に映ったのです。

若者たちに何やら怪しげな教えを吹き込んでいるとみなされたソクラテスは、民衆裁判の場に引きずり出されます。そしてソクラテスに下される刑罰は民衆裁判の慣行通り「多数決」によって決められ、彼は死刑に処されることになります。いわば哲学は民主政に敗

図1－1　ソクラテスの死（ダヴィッド画）

北したのです。

2　古代民主政の実践と政治思想の誕生

†プラトンの絶望と民主政批判

ソクラテスの死を見届けた弟子の中に、若き哲学者プラトン（前四二七―前三四七）がいました。彼は晩年の手紙の中で当時のことを振り返り、三十人政権時代の暴政や偉大な哲学者ソクラテスを死に追いやったアテナイの民主政を経験するなかで、「この世で行われている政治は一つ残らず腐敗している」と結論づけています。哲学を通じてアテナイの民主政（すなわち現行法）の中に合理性を見いだそうとした師匠とは異なり、プラトンは「正しい政治のあり方」をこの世ではないどこかに探し求めることになります。

プラトンはこのように現実と理想の断絶を強調する自身の哲学を、「洞窟の比喩」によって説明しています（プラトン 二〇〇八、下、一〇四頁以下）。一方でアテナイ民主政に見られるような現実は「洞窟の中」に喩えられます。洞窟の中の人びとは手足を鎖で縛られ、洞窟の壁に映る影絵を無理やり見させられていますが、人びとはそのことに気づいていません。それどころか、影絵を裏で操る人間がいることもつゆ知らず、それを本物と思い込み、その影絵が織り成す演劇の内容で大いに盛り上がっています。このような世界のことを「現象界」と言います。

現実のどこにそのような愚かな人びとがいるのかと思われるかもしれませんが、今日の世界にも、ワイドショーで紹介される政治家のよく練られた人生譚に一喜一憂し、「政界」で政治家たちが織り成す愛憎劇を「政治の世界」と思い込んでしまう人が後を絶たないのですから、プラトンの観察したアテナイと今日の世界とはそう遠くない距離にあると言えるでしょう。こうした感覚的な認識のことを、プラトンは臆見《ドクサ》と呼びました。

しかし、なかには何かの拍子で鎖が外れて、「洞窟の外」に出られるようになる人もいます。洞窟の外に出た人びとは、真理（「真実在《イデア》」）を直接感得し、洞窟の中で見せられていた影絵が本物ではなかったことに気づきます。この洞窟の外の世界のことを「イデア界」と言います。

もうお気づきかもしれませんが、プラトンにとって当時のアテナイで行われていた「民主政」という政治のあり方は、洞窟の中の影絵にすぎませんでした。言論を通じて誰が政治の舞台で成り上がるのか。誰が次の政治指導者を務めるのか。そんなことは真に重要なことではないのです。

洞窟の外に出られるようになる人びととして想定されていたのは、ソクラテスのような哲学者たちでした。人びとは哲学（より広く言えば学問）という手段を使って、移ろいやすい臆見《ドクサ》とは異なる真理に到達することができます。そしてプラトンは、政治はこのように真理に到達した者によって営まれるべきだと考えました。このような考え方のことを「哲人王思想」と言います。要するに哲学者が支配者となるか、あるいは支配者が哲学をすべきであるというのです（同、上、四五二頁）。

これに対して、プラトンにとって民主政は真理ではなく臆見《ドクサ》が物を言う政治体制でした。まさにソフィストたちが宣《のたま》っていたように、民主政においては民衆にそれが「真理」であると信じさせることさえできればそれが真理となります。これは選挙という新しい手段が導入された現代の民主主義においても変わりません。実際、プラトン自身も、数千数万の人びとが集まる民会という場で理性的な議論ができるはずがないと断じていますが、今日の選挙においても、各政治家が所属する政党の依拠する政治理念よりも、その政治家や政党の「イメージ」が戦局を左右することがしばしばあります。

プラトンは民主政を船に喩えて、船長以外の人間が舵を奪い合う政治体制だと表現しています（同、下、三一頁以下）。船の操縦は航海の専門家である船長に一任すべきであるのと同じように、政治についてもその専門家である学者に任せておくべきだというのです。しかし学者の意見を一顧だにしないのが、プラトンにとっての「民主政」という政治体でした。

プラトンはこのように、現行秩序に代わる理想の政治体制を一から構想する、ということを歴史上初めて自覚的に行った人物でした。西洋政治思想史の教科書がしばしばプラトンの章から始まるのはこのためです。ここで注目すべきは、「政治思想」というもの自体が「民主政」という政治体制に対する批判から出発したということです。事実、西洋政治思想史の全体から見れば、デモクラシーを手放しで称賛するような政治思想が現れたのはごく最近のことです。体系的な政治思想としての民主主義《デモクラシー》が登場するのはまだまだ先の話になります。

†アリストテレスの哲学と国制分類論

プラトンのさらに弟子であるアリストテレスは、師ほどはっきりと民主政を拒絶しませんでした。彼は民主政に関する示唆に富む政治思想を残しただけでなく、民主政に対する両義的な態度を示しており、それゆえ本書における最も重要な思想家であるといっても過言ではありません。

アリストテレスはプラトンを批判的に継承した人物として知られていますが、まずはプラトンのイデア論に対するアリストテレスの批判を簡単に見ておきましょう。アリストテレスはプラトンのように、「現象界」と「イデア界」とを断絶したものとして捉えるということはしません。彼は巷間《こうかん》の人びとが抱く「常識《エンドクサ》」の中にも一片の真理があると考えます（小野 二〇一五、六九―七〇頁参照）。哲学者であった彼はもちろんソフィストのように客観的な真理の存在そのものを否定したわけではありませんが、かといってプラトンのように日常生活の中で営まれてきた市民の実践としてのノモスを臆見《ドクサ》として全否定するのではなく、むしろ「長い時間をかけて編まれてきた」という点から常識というものを重視し、現実においてさまざまに試されている諸ポリスの政治的実践の中から、理想的な政治のあり方を見つけ出そうとしました。

このような観点からアリストテレスは、基本的にある物事に関して判断に加わる人の数が多ければ多いほど、その判断は正しくなると考えました（堤林 二〇一六、一二九頁以下参照）。こう言うと、まさにアリストテレスが多数決を基調とするデモクラシーの政治的実践を全面的に支持した思想家であるように思われるかもしれませんが、むしろこのことを根拠に、アリストテレスはデモクラシーから一定の距離をとることになります。そこで見ておきたいのがアリストテレスの国制分類論です（図1－2）。

アリストテレスはプラトンに比べ、現実主義的であったとよく言われます。彼は「正しい国制」(望ましい政治体制)として、単独の、あるいは少数の支配者がポリス全体の利益になるような支配を行う国制のことをそれぞれ「王政」と「貴族政」と呼んでいますが、両者は現実世界ではめったに見られないとしていったん考察の対象から外しています。したがってプラトンの哲人王思想は現実的ではないと一蹴されることになります。

他方で彼は「逸脱した国制」(望ましくない政治体制)として、単独の、あるいは少数の支配者がポリス全体の利益を犠牲にして支配者自身の利益になるような支配を行う国制のことをそれぞれ「僭主政」と「寡頭政」と呼んでいます。ここで注意すべきは、「民主政」も同じように、多数者がポリス全体の利益を犠牲にして多数者自身の利益になる支配を行う政治のあり方として、「逸脱した国制」に名を連ねていることです(アリストテレス二〇〇一、一三三頁以下)。

アリストテレスにとって、「多数者」と「ポリス全体」は同義ではありませんでした。彼は基本的にポリスというものは、少数の富者と多数の貧者とに分かれていると考えます。したがって彼が言う「民主政」とは、例えば貧者が国家権力を通じて富者の財産を奪い、それを再分配するような

支配者の数	一人	少数	多数
正しい国制	王政	貴族政	「国制」(穏健な民主政)
逸脱した国制	僭主政	寡頭政	民主政(過度な民主政)

図1－2　アリストテレスの国制分類論

国制としてイメージされることになります。これでは一時的に貧者は満たされるかもしれませんが、長い目で見たときに富者の協力が得られず、それどころか三十人政権が成立したときのような外患誘致につながるかもしれません。

そこでアリストテレスは、現実に可能な国制の中で最も理想的な国制を「国制（ポリテイア）」と名づけます。なぜこのようなややこしい命名がされているのかというと、彼は自身が理想とする「国制《ポリテイア》」以外は「国制」と呼ぶに値しないと考えていたからです。この「国制《ポリテイア》」がいかなる国制であるかという点については第4章で説明するとして、ここでは彼が「国制《ポリテイア》」のことを「穏健な民主政」というかたちでも表していることに触れておきたいと思います。

†穏健な民主政と過度な民主政

この穏健な民主政に対して、先ほどの「逸脱した国制」としての民主政のことを、彼は過度な民主政として位置づけています。彼によれば、過度な民主政が民会での決議を最優先するのに対し、穏健な民主政のほうは慣習《ノモス》を重視します（アリストテレス 二〇〇一、一九七―八頁。佐々木 二〇〇七、三二―四頁参照）。では、なぜ彼は過度な民主政よりも穏健な民主政のほうが望ましいと考えたのでしょうか。

それは「民会の決議」よりも「慣習《ノモス》」のほうがより多くの人びとの判断を含んでいるからです。民会の決議にはいま現在ポリスに生きている人びとの判断しか含まれませんが、慣習《ノモス》にはこれまでポリスに生きてきた人びと、いわば「ご先祖様たち」の判断も含まれます。

アリストテレスは現実主義的な人ですから、このような分類をする際にも、実際に現実世界で行われていた政治のあり方を想定していました。すなわち穏健な民主政とはペルシア戦争時代のアテナイの民主政を、そして過度な民主政とはペロポネソス戦争以降のアテナイの民主政を表しています（佐々木 二〇一二、一五五―六頁参照）。アリストテレスから見て、「個人の利益よりもポリス全体の利益を優先する」や「政治は民主政によって行う」といった伝統的な価値観が信じられていたペルシア戦争時代のアテナイでは、民主政がうまく機能していました。ところがこのような価値観が失われ、民衆がノモスを軽視し、自分たちが思うように何でも決めることができると考えるようになると、途端に民主政は機能不全に陥ります。アリストテレスにとっては、ノモスに対する遵法精神が、民主政を健全に維持するための必要条件として考えられていたわけです。

裏を返せば、アリストテレスにおいても「ノモスを尊重する」こと自体が「民主政」の定義を構成する要素に含まれていたわけではありません。第3章で論じる「リベラル・デモクラシー」や、あるいは「立憲民主主義」といった言葉にも表れているように、慣習《ノモス》の尊重という要素は、デモクラシーの行き過ぎを抑える要素として政治思想史のなかで機能していくことになります。

3　近代民主主義の誕生――政治理念からエートスへ

アリストテレス以降、アテナイおよび古代ギリシア世界の没落を経て、政治的実践の世界においても政治思想の世界においても、民主政ないし民主主義は「過去の遺物」、もしくは「どこか現実味のないもの」として、二千年以上「忘れ去られてきた」とは言わないまでも、真剣な政治的論議の俎上《そじょう》にのぼることはほとんどありませんでした。

ところが奇しくも一八世紀に最も栄華を誇ったフランス絶対王政の下で、まずは「政治思想」の世界において民主主義が復活を遂げることになります。ここでは近代民主主義思想の父として、ジャン＝ジャック・ルソーという哲学者の政治思想を多少詳しく取り上げておきたいと思います。

†一般意志は代表されえない

「人民の集会！　とんでもない妄想だ！　と人は言うだろう。今日では、それは妄想である。だが、二千年前にはそうではなかったのだ。人間はその本性を変えたのだろうか」（ルソー二〇一〇、一三六頁）。

これはルソーが『社会契約論』の中で語った言葉です。彼の念頭にあったのはもちろんアテナイの民主政のような古代の政治的実践でした。普通選挙による間接民主政が行われている今日の世界ですら、数千数万の市民が一堂に会して政治的決定に参与する古代ギリシアの直接民主政は妄想の話のように感じられるくらいですから、民主政が失われて久しい一八世紀の時代にあっては、人民集会の必要性を説くルソーはきっと滑稽な夢想家として扱われたことでしょう。

図１－３　ルソー

ではルソーはなぜ人民の集会が必要であると考えたのでしょうか。彼は「人間は本来自由であるのに、至るところで鉄鎖につながれている」という認識から議論を出発します。ルソーの時代においても現代においても、人間は特定の国家に生まれ落ち、その国家の法に従いながら生きていく必要があります。何ものにも縛られない人間というのは、ロビンソン・クルーソーのような特異な状況を除いては存在しないのです。したがって、ありのままの現状をすべて肯定して生きていくのでない限りは、この「鉄鎖」が肯定されるのはいかなる状況においてなのかを考える必要があります（同、一二頁）。

そこでルソーは、まず国家が一体となって動いていくためには、「意志」を統一する必要があると考えました。この意志のことをルソーは「一般意志」と呼びましたが、その言葉の意味については第4章で詳しく説明します。ここではひとまず「国家全体の利益を志向する意志」と捉えておいてください。アリストテレスの言う「正しい国制」の基礎にあるのは、このような「人民のための統治」を志向する意志です。

しかしながら、ルソーの議論の画期的な点は、「一般意志は代表されえない」とした点にありました（同、四一―二頁）。彼によれば、人民の意志である「一般意志」を、例えば代議士のような他者が人民に代わって議会の場で表明することはできません。何らかの法に従いながらも「自由」な存在であり続けるためには、私たちはその法の作成に直接参加しなければなりません。なぜなら古来、他人の意志に従属する生き方は「奴隷」の生き方とみなされてきたからです。

古代世界において「自由」とは、自分の生き方を自分で決めることを意味しており、主人に従属する奴隷にはそれができませんでした。それゆえ自由人と奴隷を分ける最も重要な点は、政治に参加しているか否かにありました。政治に参加することのできない奴隷は、法を自分でつくったものではなく、外部から一方的に与えられたものとして受け入れざるをえません。だからこそ古代ギリシアの奴隷は、自然法則に一方的に従属する動物と同じように、人間未満の存在として扱われていたのです。

したがってルソーによれば、自由な統治は「人民による統治」である必要があります。たとえどんなに慈悲深い君主が人民のためを思って統治を行ったとしても、それが他人の意志に対する従属である限りは、人民の自由とは両立しません。だからこそルソーは、人民が直接参加し自らの意志を表明する定期的な集会の開催が必要だと考えたのです。以上のことが、ルソーが「近代民主主義思想の父」としてみなされるゆえんです。

†現在主義の問題

さて、ルソーの政治思想のこうした民主主義的側面を推し進めると、「現在主義」とでも呼ぶべき問題に行き当たることになります（堤林 二〇一六、二九七頁以下）。「自分自身の意志にのみ従うことを自由と呼ぶ」と言ったとき、「自分」とは誰のことを指すのでしょうか。この一見自明とも思えるような問いが、実は大きな問題をはらんでいるのです。

例えば昨日の自分が立てた目標に、今日の自分の気が変わって従うのをやめる、ということは日常生活の中でも起こりうるでしょう。気分というのはその時々で変わります。これが「自分」という人間個人のプライベートな事柄であればまだしも、共同体としての「自分たち」という集合的アイデンティティに関わる問題だったらどうでしょう。若者は生まれたときからさまざまな法律によって縛られていますが、いくら民主主義国とはいえ、生まれる前から存在する法律の作成に参加することはできません。このような場合、たとえ「日本人がつくった法律に日本人が従っている」という構図になっていたとしても、「自分」の意志に従うという意味での自由が実現していると言えるのでしょうか。

アメリカ独立宣言の起草に関わり、後の合衆国第三代大統領にもなったトマス・ジェファソン(一七四三―一八二六)は、こうした問題に取り組んだ民主主義者の一人でした。彼は、憲法は一九年に一度制定し直すべきだと言います。ここで言う「一九年」とは、彼によると世代が入れ替わる周期であり、親の世代が決めた憲法によって次の世代が縛られるべきではないというのです(同、二九八頁)。またフランスでも、革命期の思想家コンドルセ(一七四三―九四)がこれと類似する議論を展開しています(田中 二〇〇九、二六七頁)。

実際、ルソー自身も「意志が未来のことに関してみずからを縛るのは不条理である」と述べていますが(ルソー 二〇一〇、四二頁)、この言明は為政者の意志を自らの意志とみなすという代表制を否定する根拠になると同時に、いま現在の人民の意志が最も優先されるべきであるという含意を有しています。したがって、慣習《ノモス》や憲法といった先人たちの教訓も、いま現在を生きる人民がそれを認める限りにおいて存在が許され、規範として機能しているのです。

これはまさにプラトンやアリストテレスが懸念した問題でもありました。プラトンは自由を称賛する民主政という国制が、「最後には法律をさえも、書かれた法であれ書かれざる法であれ、かえりみないようになる」ことを指摘し、さらにそのことが原因で生じた無秩序に民衆は耐え切れず、やがては大衆迎合的な指導者が現れ独裁者として君臨するだろうと予言しています（プラトン 二〇〇八、下、二四六―五二頁）。政体循環論と呼ばれるこの議論は、ポピュリズムが問題化している今日の政治に対してもきわめて示唆的です。また、アリストテレスがノモスを軽視する過度な民主政を批判したのは前述の通りです。

このように民主主義と憲法というものは、特に憲法が制定された後の世代にとっては、対立するものとして現れることがあります。民主主義は、抑圧的な憲法（国制）の下で生きる人びとにとっては、新たな憲法を制定するための理論的根拠を与えてくれますが、伝統《ノモス》としての憲法（国制）を守ろうとする人びとは、これとは別の政治思想を必要とするのです。この問題については次章で再度触れたいと思います。

†政治的実践としての近代民主主義

一七七八年に没したルソーの政治思想が、一七八九年に始まるフランス革命に影響を与えたということがよく言われます。しかしこの革命がルソーの目指したような、市民が直接政治に参加する国制を実現することはありませんでした。たしかにフランス革命が特に急進化した時期に革命を主導したジャコバン派による独裁の下、成人男子普通選挙や国民投票といった当時としては民主主義的といってよい要素を含んだ、いわゆる「九三年憲法」が制定されました。

図1－4　テルミドール9日のクーデタ（アリエ画）

しかしこの憲法は革命の混乱が収まるまでの間は施行を延期することとされ、ジャコバン派の指導者であるロベスピエールがテルミドール九日のクーデタ（一七九四年）で処刑されてしまったため、実際に効力を持つことはついぞありませんでした。またロベスピエールは独裁者として振る舞い、反対派を次々と粛清していきましたが、この間、市民の政治参加は許されていませんでした。結局、その後も二転三転したのち、ナポレオンの皇帝就任によりフランスの政治体制は「帝政」に落ち着くことになります。

近代世界における政治思想としての民主主義がルソーにより始められたとすれば、政治的実践としての民主主義のほうは、フランスではなくアメリカで始まりました。とりわけ非エリート出身のアンドリュー・ジャクソン（一七六七―一八四五）が第七代大統領を務めた一九世紀前半に、合衆国の各州で白人男子普通選挙の採用が次第に進んでいきます。このような流れを「ジャクソニアン・デモクラシー」と呼んだりしますが、これはなにも「ジャクソン大統領が民主主義を推し進めた」ということを意味しません。むしろ従来の大統領とは異なりエリートの出身ではなかったジャクソンが大統領に就任できたのは、すでに民主主義がある程度進んでいたからだと言えるでしょう（クリック 二〇〇四、九〇―一頁）。民主主義は「時代の趨勢」だったのです。

†エートスとしての民主主義

この民主主義草創期のアメリカを視察して回ったのが、フランスの貴族であるアレクシ・ド・トクヴィル（一八〇五―五九）でした。トクヴィルは選挙や議会といった「制度としての民主主義」だけでなく、人びとの生き方、すなわち「エートスとしての民主主義」

図1-5　トクヴィル

とでも言うべきものに着目します（宇野 二〇二〇、一四九―五二頁参照）。彼はその中で、アメリカの政治家に限らず一般市民までもが広く公的な事柄に対する関心を有しており、また草の根的な政治運動や討論に積極的に参加する様子を観察する一方で、民主主義のいわば「暗い側面」にも光を当てています。

　トクヴィルによれば、民主主義の要諦は、市民がお互いを「平等」な者としてみなすことにあります。見方を変えれば、これは社会の中に誰も特別な者がいないことを意味しています。特にアメリカ大陸においては誰もが新参者であり、そこにはヨーロッパのような身分制に基づく宮廷社会は存在しませんでした。ヨーロッパでは権威を有していた貴族階級がアメリカにはなかったのです。

　では権威的存在を持たない民衆は、どのように政治的判断を下していけばよいのでしょうか。むろん、各人が自分の頭で深く考え理性的な判断を下すことができれば理想的ですが、現実にはそれは難しい話です。そこで人びとは「多数派」に権威を見いだすようになります。政治的な意見に質的な差異がなくなるからこそ、量が価値を持つようになるのです。そして量は質を駆逐するだけでなく、多数派が少数派を圧倒するようになります。こうして生じる少数派の抑圧のことを、トクヴィルは「多数派の専制」と呼びました（トクヴィル 二〇〇五、下、一四六頁以下）。

中世的な身分社会の紐帯《ちゅうたい》から切り離され、孤立化した人間は不安に駆られます。結局、自由を手にしたとしても、自己の外部になにがしかの権威を求めてしまうのが人間の性《さが》なのです。そこで人は、自らが多数派に属していることに安心を感じ、その事実が自らの意見に自信を与え、やがては少数派の抑圧に回ることになります。このように民主主義の心理的な側面を鋭く抉《えぐ》り出したのが、一八三五年に出版されたトクヴィルの『アメリカのデモクラシー』でした。

後見人を求める民衆

トクヴィルはその五年後、一八四〇年に『アメリカのデモクラシー』の第二巻を刊行します。そこで彼は、民主主義において成立しうる専制の問題について、「問題をより詳細に検討し、五年にわたって新たな省察を加えた結果、私の懸念は減らなかったが、その対象は変わった」と述べています（トクヴィル 二〇〇八、下、二五三頁）。これはどういうことでしょうか。

結論から言うと、彼は民衆が「後見人」としての指導者を求めることに懸念を抱くようになりました。次の一節は本書の全編にわたって重要な議論が展開されていますので、少し長いですが引用しておきましょう。

私の目に浮かぶのは、数え切れないほど多くの似通って平等な人々が矮小で俗っぽい快楽を胸いっぱいに想い描き、これを得ようと休みなく動きまわる光景である。（……）この人々の上には一つの巨大な後見的権力が聳《そび》え立ち、それだけが彼らの享楽を保障し、生活の面倒をみる任に当たる。（……）人々に成年に達する準備をさせることが目的であったならば、それは父権に似ていたであろう。だが、それは逆に人を決定的に子供のままにとどめることしか求めない。市民が楽しむことしか考えない限り、人が娯楽に興ずることは権力にとって望ましい。（……）そしてついには、どんな国民も小心で勤勉な動物の群れに過ぎなくされ、政府がその牧人となる。（同、二五六―八頁、ルビ引用者）

なるほど「多数派の専制」とはいっても、誰かがその多数派を先導する必要があります。なぜなら、そうでなければ誰も判断を下さないので、一向に多数派の意見が形成されないからです。そこで人びとは自分の代わりに判断を下してくれる「後見人」を選挙で選出することになります。これにより、人びとは「指導されたいという欲求」と「同時に自由のままでありたいという願望」の両方を満たすことができます。そしてここに「集権制と人民主権」の両立が実現するのです（同、二五八頁）。

これは言ってみれば、成人して家族から自立し自由になった人間が、親の代わりになる新たな存在を探すようなものです。そして、それが本当に子どもの将来を思う親のような存在であればよいのですが、現実の政府はむしろ永遠に「後見人」を必要とするような子どもの状態に留めおこうとするでしょう。なぜならそうしたほうが統治は容易になるからです。御しがたい市民を自ら育て上げたいと願う為政者などいません。シティズンシップ教育が本来的に進みにくいものであることの理由もここにあります。自らの意志を持つ人間よりも従順な動物のほうが言うことを聞かせやすいのです。

アメリカの民主主義社会にトクヴィルが下したこのような診断は、民主主義と独裁という一見相反する二つの統治形態が、実はぞっとするほど近いものであることを明らかにするものでした。そして「民主主義」というものを単なる制度や理念としてでなく、心的傾向として把握するトクヴィルの議論は、今日の民主主義社会が抱える諸問題を考える際に多くのヒントを与えてくれることでしょう。

4 現代民主主義のもう一つの思想的基盤

†ルソーの文明社会批判

さて、私たちは民主主義のこのような欠点をどう乗り越えればよいのでしょうか。その方法については次章以降で考えていくことになりますが、ここではもう少し、「体系化された政治理念」としての民主主義思想についても触れておきたいと思います。というのは、これまで出てきたプラトンもアリストテレスもトクヴィルも、程度の差はあれ「民主主義」という政治的実践に対して批判的な立場の思想家であったからです。

それに対してルソーは、これらの思想家たちに比べると、理念としての民主主義に理論的な基礎を与えた人物として見ることができそうです。「一般意志は代表されえない」という彼の命題は間違いなく今日の「人民主権」という理念を理論的に支える役割を果たしていますし、彼の夢見た直接民主政は、たとえ実現の見込みがなくとも今日の民主主義の達成度を測るうえでの厳しい基準として機能しています。

ですが、ルソーについてはもう一つ見ておくべきものがあります。それは文明社会に対する彼の批判です。『社会契約論』に並ぶ政治思想史上の古典として、同じくルソーによって書かれた『人間不平等起源論』という著作を挙げることができます。ルソーの時代のフランスにおいては、「文明の発展は人間を幸福にしたか」といった問題が盛んに議論されていましたが、啓蒙思想と呼ばれる進歩的な思想が流行していた当時、文明社会の発展を好意的に捉える態度が一般的でした。学問や芸術・技術の発展が人類をより幸せにしていくだろうという楽天的な展望を、多くの人びとが持っていたのです。

しかしルソーの『人間不平等起源論』は、こうした風潮に冷や水を浴びせかけるものでした。彼は「文明の進歩が人類を幸福にする」という楽観的な展望を断固として否定します。彼によれば事態はむしろ逆であり、文明の進歩は人びとを不幸にしたというのです。そのことを説明するために、彼は文明社会が成立する以前の「自然状態」に思いを馳《は》せます。

未開の自然状態においては、人びとはおのおの孤立して、森の中で素朴な生活を営んでいました。人間は自然的な感情としての「自愛心」(自分を大切にする心)と「憐み」(他人の不幸に同情する心)の感情を持ち、たとえ森の中で他人に出会ったとしても、争いごとに発展することはめったになく、穏やかに暮らしていました。

ところが人間には他の動物とは異なり「完成可能性」が備わっているとルソーは言いま

す。つまり人間は技術の発展を言語を介して次の世代に継承することが可能であり、そのため動物のように何世代にもわたって同じような生活を繰り返すのではなく、世代を追うごとに生活の仕方も技術的に洗練されていくというのです。

人間が本来的に有するこのような資質により、人びとの生活には「余暇」が生まれ、他の人びとと継続的に交流する余裕が生まれます。その中で人びとは、徐々に他人と自分を比較することを覚えるようになります。ここで自愛心と憐みという自然的感情は後退し、新たに芽生えた「利己心」という感情が前面に出てきます。つまり人間は、自らの持てるものによって他人に優越したいと欲し、他人よりも自分を大きく見せようとするのです。このようにして成立したのが文明社会であり、文明社会において人間はもはや他人の中でしか生きられなくなっています。

他人の目にどう映るかということばかりを気にして、本来必要ではないものを必死で追い求めなければならなくなってしまった文明人は、ありのままに生きていた自然人に比べれば不幸である。ルソーはそのように結論づけました。ここで重要なのは、ルソーが考えたような「自然状態」が現実に存在したか否かではなく、そのフィクションを通じて「文明社会」というものから距離をとることに彼が成功しているかどうかです。文明の発展が人類の幸福をもたらすと無邪気に信じる人が大半のなかで、それを「疑ってみる」ということをしたのがルソーでした。その点で彼の試みにはソクラテスのそれと共通する部分があると言えます。

†エリートに対する軽蔑

問題は以上のような議論と「民主主義」という政治思想とがどのような関係にあるのかということです。まずもって重要なのは、思想史的に見たときに、ルソーにおいては「自然状態」というものが、克服の対象から憧憬の対象へと転換していることです。自然状態というフィクションを仮定し、そこから国家の成立に至るプロセスを説明することで、国家に従う政治的義務の正当性を基礎づける議論のことを「社会契約論」と言いますが、右の転換は、ルソーと並び称されることの多いホッブズとロックという二人の社会契約論と比較してみても明らかです。

序章でも少し触れたように、ホッブズは自然状態を「万人の万人に対する戦争状態」として描きます。国家のない無法状態においては、人間は疑心暗鬼の状態に陥り、やがては殺し合いに発展してしまうというのです。そこで人間はただ短絡的に情念に従うだけの自然状態から脱却し、打算的な理性の能力を駆使することによって、絶対的な権力を有する国家を打ち立てる、というのがホッブズのストーリーでした（ホッブズ 二〇二〇）。

ホッブズのこのような社会契約論を批判したのが、ジョン・ロック（一六三二―一七〇四）です。彼については次章で詳しく取り上げますが、少なくともホッブズを批判したロックにおいても、自然状態というのは「克服」の対象でした。ロックはホッブズほど自然状態を悲惨なものとして描きませんでしたが、それでも自然状態が個人の所有権を保障するためには「不都合」な状態であることには変わりなく、したがってそれは政治社会への移行によって克服されるべき状態だったのです。

それに対してルソーは、自然状態をある種の「理想」状態として描きます。ルソーにとって慈愛に満ちた牧歌的な自然状態は、克服の対象ではなく、ただ否応なく文明の進展によって失われてしまった状態でした。ただし現代においても自然人に近い人間は存在します。それは学問によって汚されていない、素朴な感性を持つ「民衆」です。

ルソーは自然人のごとき民衆を動物になぞらえて次のように言います。

惻隠《そくいん》の情は、苦しんでいる動物とそばで見ている動物が親密に一体化すればするほど、力強くなるだろう。この一体化は、理性を働かせる状態よりも自然状態においてははるかに緊密であることが明らかである。利己愛を生み出すのは理性である。（……）人間を他から切り離すのは哲学である。（ルソー 二〇一六、八三頁、ルビ引用者）

文明社会の人間は哲学などという余計な知識を身につけることで、自然人が持っていた麗しい憐憫《れんびん》の感情を喪失してしまう。知識をつければつけるほど、本来の自分は姿を消し、虚飾にまみれた人間が姿を現す。しかし学問から無縁の民衆にはその危険がない。彼らは人間本来の実直さと温かさを保っている。ルソーは次のような例を挙げてこのことを論証しようとします。

暴動や巷《ちまた》でけんかがあれば、下層の人たちは集まってくるけれども、慎重な人たちはこれを敬遠する。戦っている人たちを引き離し、相手の喉を掻き切ろうと争っている紳士たちを押し止めるのは、下層民や市の女たちである。(同、八三―四頁)

この「慎重な人たち」とは言うまでもなく学問的な修養を経て理性を行使するに至った計算高い人たちのことを指しているわけですが、ルソー以前の西洋政治思想史の主流においては、こういったいわゆる「エリート」が中心となって政治は担われていくべきであると考えられていました。だからこそ身分の貴賤や財産の多寡によって政治的な発言権も不平等に分配されていたのです。ところがルソーはこのような価値観を顚倒《てんとう》させます。つまり学問によって心のねじ曲がった鼻持ちならないエリートよりも、学問に触れていない下層民のほうが他人を思いやった判断ができるというのです。クリックはルソーのこのような側面を捉えて、「デモクラシーを道徳的に正当化する論拠を提供したのはルソーが初めてである」と述べています（クリック二〇〇四、九五頁）。

しかしクリックがルソーの「立法者」に関する議論を（この文脈ではおそらく意図的に）無視していることに注意する必要があります。第4章で詳しく触れるように、ルソーには「純粋な民主主義者」であるとは言いがたい側面があります。事実、彼は人間の「完成可能性」ゆえに、人間が文明社会を捨て、自然状態に戻ることはいまさら不可能であると考えていました。ルソーは最終的には「情念」ではなく、人間の「理性」という能力に賭けることになるのです。

ともあれ彼のこのような側面は、近代以前の素朴な社会のあり方への憧憬を特徴とする後のロマン主義者によって継承され、ニーチェやシュミットを通じて現代の民主主義者に対しても強力な理論的武器を提供しています。序章でも触れたとおり、思想家の「意図せざる帰結」（もしくは理性の狡知）に着目することによって、このような思想史上の隠れた系譜が浮かび上がってくるのです。

†失われた「自然」への憧憬

特にデモクラシーとポピュリズムの関係を考えるにあたり、ルソーの文明批判はきわめて示唆的です。そもそもポピュリズム自体がかなり論争的な概念ですが、「人民に依拠してエリートを批判する」政治スタイルにその特徴の一つを見いだすことができます（水島二〇一六、九頁）。エリートではない「普通の人びと」（を自任する人びと）に幅広く訴えかけるかたちで民衆の支持を得るポピュリズムは、前述のルソーによる文明批判と論理的な親和性を有しています。

さて、文明社会の成立によって失われてしまった自然状態への回帰を断念し、正しい国家のあり方を模索したルソーに対して、ルソーから影響を受けたロマン主義者たちは、近代以前の伝統的な封建社会とそこでの個人のあり方に対する憧憬を表現し、またその憧憬に基づく反動的な政治思想を展開することになります。

例えばロマン主義を代表するドイツの詩人ノヴァーリス（一七七二―一八〇一）は、ルソーが『人間不平等起源論』で描いたような文明社会における人間のあり方を、「絶対的自我」と「経験的自我」の分裂した状態として描いています（小野 二〇一五、二七八―八二頁）。「絶対的自我」とは近代社会の成立により失われてしまった本来の自分を指しており、また「経験的自我」とは他者の瞳に映る偽りの自分を指しています。近代文明社会において、人間は本来の自分を心の奥にしまい込み、商業社会の中で自分を偽り狡猾に生きていくことを余儀なくされているのです。

これに対して近代以前の封建社会においては、自我はまだ未分裂の状態にありました。人びとは騙し合うことを必要とせず、ありのままの姿で穏やかに暮らしていました。それが宗教改革によってもたらされた聖俗分離と、ナポレオン率いるフランスに押しつけられたブルジョア的な近代法によって引き裂かれてしまったのです。したがってロマン主義者たちは、両者が幸福な一致の状態にあった神聖ローマ帝国時代のドイツへの憧憬を表明することになります（同、二八三頁）。

近年の日本においても、「押しつけ憲法」の下で個人の自由が過度に重視されたことにより、伝統的な家族の紐帯が失われてしまった、という反動的な主張が散見されますが、ここにはまさにロマン主義的政治思想に特徴的な、近代以前の失われた「自然本来の姿《ピュシス》」に対する憧憬が見られます。しかし、そもそも「自然《ピュシス》」とは何か、ということは一度立ち止まって考えてみる価値のある問題です。人間はただ一定期間繰り返してきたことをいつの間にか永遠不変の「自然」と取り違えることが多々ありますし、またそのような反復を人為的に生み出すこともできるということは、数々のナショナリズム研究が明らかにしてきたことでもあります。「伝統」や「自然」といった観念の内容はいかようにも創作しうるのです。

そしてこのことを先ほどのトクヴィルの長い引用とあわせて考えると、失われた「自然」や「伝統」に対する憧憬は、中世封建社会の崩壊によって既得権益を失った旧支配層にとっても、また近代商業社会の成立によって台頭した新興支配層にとってさえも、等しく民衆の支配を円滑に行うための格好の材料として資することになります。支配者にとって、ありのままの無邪気な子どものようにふるまう民衆ほど支配しやすいものはないのです。だからこそ一般市民は、自らの手にした権利を奪われたくなければ、マキアヴェッリの理想とした君主のごとく狡猾に立ち回らなければなりません。この問題については終章でまた振り返りたいと思います。

†ニーチェの刹那主義

イギリスの政治学者であるジョン・ダンは一九七九年、「今日ではわれわれは皆民主主義者である」と語りました(ダン 一九八三、一一頁)。それから半世紀近くが経過した現在の世界においても、事情はそれほど変わらないでしょう。実際、「まえがき」でも触れたように、今日の日本においても「民主主義は大切にしなければならない」という価値観は老若男女の間で広く共有されているようです。

ですが、その民主主義の大切さの根拠を言葉《ロゴス》で説明することのできる人がいったいどれほどいるでしょうか。太平洋戦争の終戦から約八〇年が経とうとしている現在の日本においては、生まれたときから当たり前のように民主主義があったという人も少なくありません。私たちがみな民主主義者であることの根拠が、理性的な推論を経た選択の結果ではなく、まるでヒヨコが生まれた直後に見た動く物体を「親」として認識してしまうのと同じように、生まれたときにたまたま目の前に民主主義があったという単なる偶然によるものであるとすれば、日本の民主主義はふとしたことで崩れ去ってしまう砂上の楼閣であると言わざるをえません。

したがって民主主義が頼みの綱とするものが、素朴な民衆の「感性」だけであるならば、それは民主主義自体の存続にとって大変心許ないものです。なぜならばトクヴィルも洞察したように、民衆は自分で判断することをすぐに放棄し、親のような存在を見つけて白紙委任状を手渡してしまうような存在だからです。ここから民衆が為政者に対して永続的に政治的権限を委譲してしまう、すなわち独裁の成立まではあと一歩といったところです。民主主義が独裁に転落してしまうことを避けるためには、民衆が「理性」を行使する勇気を発揮する必要があります。

ところで「感性」と「理性」という人間の二つの能力はどのように異なるのでしょうか。これは新書の数ページで扱うにはあまりにも大きすぎる問題ですが、少なくとも本書の文脈に即して言うと、両者の違いは人間の「時間意識」との関連で説明することができます。そこで理性（ないし知性）に対する感性の重要性を強調した思想家として、ドイツの哲学者ニーチェ（一八四四―一九〇〇）を取り上げておきましょう。

　ニーチェは『反時代的考察』という書物の中で、動物には「時間意識」がないことに着目しています。動物は遠い将来のこと、ましてや次の世代のことなど考慮して計算したりせずに、ただただその日その日を、その瞬間を生きています。「だからして草を食《は》む畜群を見たり、あるいはもっと親しい身近なところで子供を見たりすれば、人間はあたかも失われた楽園を思い出したかのように感動する」、とニーチェは言います。このように「歴史」という観念を持たない動物や無邪気な子どもたちは、歴史上の教訓を自覚的に生活に活かすこともなければ、過去の出来事によって苦しめられることもありません（ニーチェ 一九九三、一二二―八頁）。ニーチェにおいて人間（の完成態としての大人）とは、長期的な、と

図1－6　ニーチェ

きには世代を超えた時間意識としての「歴史」を持つ存在として描かれます。

このような歴史感覚を有することにはきわめて両義的な含意があります。ルソーが人間の「完成可能性」を指摘したように、たしかに人間は知識の歴史的な集積によって恩恵を受けている部分もありますが、他方で歴史的な伝統がいま現在を生きる人間には呪縛として感じられることもあります。生に奉仕するためにある歴史が、かえって生を縛るものになってしまっている。この病を治癒する処方箋として、ニーチェは「忘却」を提示します。「すべての行為には忘却が必要であるが、これはすべての有機体の生命に光のみならずまた闇も必要であるのと同様である」（同、一二五頁）。ニーチェは今こそ人間は動物や子どもに学ぶべきだというのです。

このようなニーチェの歴史論は、彼が「感性」の重要性を強調したこととも関係しています。彼は西洋思想史の主流が、ソクラテス以降の「理性」を偏重してきたことに警告を発し、ソクラテス以前の「感性」を重視するギリシア悲劇のもう一つの伝統（彼の用語で言う「ディオニュソス的なもの」）への注目を促します（小野 二〇一五、三三〇―一頁）。したがってそのときそのときの感性的な判断が、伝統によってがんじがらめになってしまった現状を打破することができる。ニーチェはこうして刹那的な「感性」に期待をかけたのです。

このような彼の議論は、たしかに因襲によって八方塞がりになった状況を打開する劇薬としてはいくぶん有効かもしれません。しかしそれゆえに、伝統が危機に瀕している状況においては、すべてを台無しにしてしまう危険があります。現代の民主主義に必要なのは果たして「感性」と「理性」のどちらでしょうか。ニーチェの刹那主義的な主張はいまでも問題を投げかけていますます。

5　民主主義の現在

†頭数を数えるデモクラシー

以上の思想史叙述を踏まえたうえで、現代の民主主義が抱える諸問題について考えてみましょう。

まず、古代のプラトンやアリストテレスによる民主政批判にも、また近代民主主義の出発点としてのルソーの政治思想にも共通して言えることは、デモクラシーというものが政治的意見の「質」ではなく「量」を問うものとして捉えられているということです。プラトンは政治的意見の「質」の観点から民主政を批判し、哲人王思想を唱えました。アリストテレスは「量」の観点から民主政を相対化し、さらに多くの政治的意見が含まれる伝統《ノモス》を重視する政体に「国制」という別の名前をつけました。

ルソーは政治的意見の「質」を問うことによって民衆の政治参加を斥《しりぞ》けてきた従来の貴族政を批判し、すべての国民が自由であるためには直接政治に参加する必要があることを訴えました。さらに彼の文明に対する懐疑は、知的エリートによる支配を糾弾し、素朴な民衆による支配を正当化するための理論的基盤を用意しました。またルソーの現在主義的な側面は、ロマン主義を経て、第3章で扱うカール・シュミットの民主主義論に至るまで現代に暗い影を落としています。

政治的意見の質的な区別がなくなるにつれ、政治における哲学ないし学問の必要性もまた相対的に減じることになりました。なぜなら仮に頭数を数えることがデモクラシーであるならば、意見の質をわざわざ高める必要もないからです。したがって政治的意見の「質」を問う視点は、民主主義思想それ自体からは生じてきません。民主主義が統治の前提となっている現代世界において、例えばシティズンシップ教育の推進により国民の政治的意見の質を高めていこうとするならば、民主主義とは別の原理によってそれを根拠づける必要が出てきます。

民主主義という政治思想にはこのように、民衆のありのまま(自然《ピュシス》)を肯定する側面があります。しかしながら、民衆は放っておけば政治的に正しい判断を下すとは限りません。

たとえ本当に民衆がエリートよりも道徳的に優れた存在であったとしても、道徳的な判断が政治的にも優れた結果につながるとは限らないのです。そもそもルソー自身がそう考えたように、人間は文明社会に生まれ落ちるため、文明の汚染から完全に免れることのできる人など存在しません。文明社会はあくまでも議論の出発点なのです。

自由な存在として生まれた人間は、トクヴィルが予言したように、文明社会が提供する皮相的な享楽に囚われ、公的な関心を失い、やがては何某《なにがし》かの指導者に自らの「後見人」を見いだし、権力を一任することでしょう。かようにして民主主義に幻想を抱く者は、民主主義に足元をすくわれることになります。そもそも哲学者が民主主義の重要性をいくら声高に叫んだとしても、当の民衆が学者の言葉に対して聴く耳を持たなければ何の意味もありません。このようなことを踏まえると、少なくとも一九世紀に入るまでは純然たる民主主義者がきわめて稀有な存在であったこともうなずけます。

†転機としての第一次世界大戦

ただし一九世紀に入ってもなお、民主主義を支持していたのは急進的な党派に属する一部の人びとにすぎませんでした（イギリスにおける民主主義者たちは「急進主義者《ラディカル》」と呼ばれていました）。いまからほんの二〇〇年前までは、民主主義や普通選挙は過激派の主張だったのです。
それではいったい何がきっかけで「われわれは皆民主主義者である」と言えるような世の中になったのでしょうか。これに関しては、一九一四年に始まった第一次世界大戦が民主主義にとって一つの転機であったと言われています（高畠二〇一二、二九八頁）。

国民からの広範な支持を受けて開戦されたこの戦争は、当初は短期決戦が予想されていました。ところが徐々に長期化の兆しが見え始め、終わりの見えない戦争に国民は厭戦ムードを漂わせるようになります。そこでイギリスやフランスといった協商国側の指導者たちは、敵側のドイツやオーストリアといった国々が非民主主義的な政治体制を採用していたことに着目し、この戦争が「専制に対する民主主義の戦い」であると民衆に訴えかけました。

そして戦争の終盤におけるアメリカ合衆国の参戦が、この大義名分を決定的なものとしました。この戦争は周知の通り、協商国側の勝利に終わりますが、「民主主義」はいわば国民の戦争協力を促すための甘言として利用されたのです。このとき「民主主義」は、単なる一つの政治的立場を指す言葉から、普遍的な価値を表す言葉へと格上げされました。あからさまな独裁を含む多種多様な政治体制が、「民主主義」という言葉で自らを飾り立てるようになった背景には、このような歴史的経緯があるのです。

†いわゆる「おまかせ民主主義」

さて、今日の私たちは、民主主義が当たり前に価値を持つものとして捉えられている世界を生きています。しかしこれまで見てきたように、民主主義という言葉が疑いを差し挟むことのない価値を持つようになったのは、人類史上ほんのわずかな期間にすぎません。政治思想史という学問は、このようにまるで家族のような親近感を覚えさせる民主主義という政治思想を、一度適切な距離をとって眺め、その価値を「疑ってみる」ことを可能にします。

このような視点から現代政治の諸問題に関してもいくつか指摘できます。まず現代民主主義においては「選挙」という手続きが当然のように採用されていますが、この選挙と民主主義の結びつきは実は自明のものではありません。例えばアリストテレスは、選挙という手段を「民主政」ではなく「寡頭政」（ないし「貴族政」）に特徴的な要素として位置づけています（アリストテレス 二〇〇一、二〇五頁）。なぜなら選挙とは、優れた者《アリストイ》を選出し、彼らに政治を任せるための手続きだからです。

誰かに政治を任せることは民主主義的ではないという認識は、近代民主主義思想の父ルソーにおいても同様です。「一般意志は代表されえない」という観点からルソーは、為政者を選出したうえで、為政者がその先下す政治的決定を人民の意志の表明とみなすというやり方を拒否しています（ルソー 二〇一〇、一四三―四頁）。選挙が終わったら人民は口をつぐまねばならないのであれば、民主主義は死に体も同然です。自らの意志を持たない人民は「人民」としての存立要件を欠いています。人民が為政者の命令に対して反対の意を表明することが原理的に不可能ならば、その国家が人民の意志に基づいているとは言えないでしょう（同、四二頁）。

以上のことを踏まえると、考え方次第では「選挙」という手段を民主主義的な制度として運用することもできます。というのは、どのような観点から票を投ずるかによって、選挙が持つ意味も大きく異なるからです。「誰にやらせるか」という人格の観点から為政者を選出するのであれば、それは優れた者に政治を丸投げするという意味での貴族政《アリストクラテイア》であり、民衆の支配という意味での民主政《デモクラテイア》とは言えません。

しかし、「何をやらせるか」という政策の観点から、そのための単なる媒体としての為政者を選び出すのであれば、それは人民が自ら政治的判断を下しているわけですから、そのような選挙によって営まれる政体を「民主政」と呼んでも差し支えないでしょう。繰り返しになりますが、民主主義とは単なる「制度」を表す言葉にとどまりません。それは制度に命を吹き込む「理念」を表す言葉でもあります。ここに民主主義を制度論の観点からだけでなく、政治思想の観点から考察することの意義も生じてきます。

以上のことを踏まえると、例えば今日の日本でもよく議題にのぼる「首相公選制」は、いささか為政者の「人格」に重きを置きすぎた選挙の運用の仕方であるように思われます。国会議員の年齢に上限を設けるべきであるとする「議員定年制」の主張に対しても同様のことが言えます。首相や国会議員といった職業政治家は人民の意志を実現するための単なる媒体にすぎないとすれば、それが年老いた議員であろうと、政党によって間接的に選出された首相であろうと、それを実行する者が誰であるかということは、民主主義にとっては本質的な問題ではありません。「誰にやらせるか」ではなく「何をやらせるか」という観点から政治家に投票するのでなければ、それは民主政の皮を被った貴族政であると言われても仕方がないでしょう。

†政党の存在意義

しかしながら、分業が進んだ近代資本主義社会においては、古代ギリシアで行われていたように、市民が政治に直接参加し、民会の場で個々の政策に対していちいち賛成・反対の意を表明することは現実的に不可能です。事実、そのために「選挙」という手段が近代民主主義には導入されたわけですが、「政党」という集団もまた、選挙と民主主義との結合を維持するための装置としての機能を持っています。

保守主義の父として知られる一八世紀の政治家エドマンド・バーク（一七二九―九七）は、「政党（party）」と単なる「派閥（faction）」を明確に区別しています。一方でバークは「政党」を、「その連帯した努力により彼ら全員の間で一致している或る特定の原理にもとづいて、国家利益の促進のために統合する人間集団」と定義しています。他方で「派閥」とは、バークによれば、実現の見込みもない公約で有権者をたぶらかし、自分たちの利益を追求するだけの「不逞《ふてい》の徒輩《とはい》」とみなされます（バーク二〇〇〇、八〇―一頁）。

幸いなことに、いまの日本の主要な政党の大半は完全にこのどちらか一方の性質だけを持っているわけではありません。政党の綱領が基づく政治思想によって、ある程度の棲《す》み分けがなされているからこそ、「連立政権」であったり「野党連合」といったものが組めるわけです。したがって有権者にとっては、各政党の依拠する政治思想を正確に把握することが民主政治を運営していくうえでなによりも重要となります。

奴隷に経済を任せることで政治のための余暇を創出していた古代ギリシア人とは異なり、現代の多忙な有権者たちは実施すべき政策をいちいち政治家に指示することはできません（それでも政治にとって「余暇」が重要であることに変わりはありませんが）。そもそも、それができるのであれば間接民主政をとるメリットがありません。では、選挙と政党政治という二つの要素が近代民主主義につけ加えられているのはなぜでしょうか。それは選挙を通じて政治家に一定の「方向性」を指示するためです。

個々の政策は政治思想から自動的・演繹的に引き出されるものではありませんが、それでも政治家の政策や立法にある程度の「方向性」を与えることはできます。「大きな政府」か「小さな政府」か、という古典的な対立図式を思い浮かべると分かりやすいかもしれません。あるいは現在、日本で大きな争点となっている「改憲」か「護憲」かという対立でもよいでしょう。有権者たちは政党（が基づく政治思想）の選択を通じて、自分がどのような政治思想に基づく政策や立法を望んでいるのか、イデオロギー対立のどちらにコミットするのかを政治家に示すことができます。そのような意味でも、各政党の政治思想を正しく判別できることは政治リテラシーの指標の一つであると言えるでしょう。

首相公選制を導入したところで、もし有権者に政治リテラシーが欠如していた場合、投票先の選択は「頼りになりそう」とか「誠実そう」といった候補者の人格に関する直感的なイメージに基づくものとなるのが関の山でしょう。投票先が政党から個々の政治家に移ることにより、マスメディアを動員したイメージ戦略はいま以上に加速することが予想されます。そうなれば、トクヴィルが危惧した「民主主義に基づく専制」の成立にさらに一歩近づくこととなります。そのことを踏まえれば、有権者が政党（すなわち政治思想）を選び、多数議席を獲得した政党が首相を選ぶという議院内閣制の慣行は、民主主義をあくまで健全に運営していくためにはむしろ好都合であるとすら言えるのです。

とはいえ、民主主義は油断をすればすぐに独裁へと陥ってしまうような、なんとも脆《もろ》い政治体制です。その存続のためには、自由主義や共和主義といった他の政治思想の助けを借りる必要があります。だからこそ、民主主義の重要性を学ぶだけでは不十分なのです。私たちは民主主義の意義と限界の両面を確認したうえで、それをより強固なものへと鍛え上げていく必要があります。「民主主義を疑ってみる」ということが、民主主義の延命につながるのです。

そこで次章では、まず現在の民主主義のパートナーである「自由主義」という政治思想について、その歴史と意義と問題を見ていこうと思います。

第２章

自由主義

——なぜ生まれ、なぜ根づいたのか

マグナ・カルタ（大英図書館蔵）

前章では古代ギリシアにさかのぼり、民主政の成立過程を振り返ることで、ギリシア人にとっての「政治」というものが、いかに「善き生」(人間らしい生き方)という問題と結びついていたかを見てきました。ギリシア人にとっての「善き生」とは、自分の生き方を自分で決めることにありました。しかもここで言う「自分の生き方」とは、今日のようにプライベートな領域における生き方だけを意味するものではなく、共同体のあり方を含むパブリックな領域に関わる問題を含むものでした。ギリシア人たちは、民主政の実践を通じて、ポリスに貢献することに生きる意味を見いだしていたのです。

しかしながら、古代民主政はプラトンが批判したように、移り気な民衆によってしばしばその存続が内部から脅かされました。特にポリスの伝統《ノモス》が軽んじられるようになると、その動揺は加速します。民主政の伝統は、民主政それ自体によって危機に瀕していたのです。

民主主義のこのような特徴は、近代以降も引き継がれていきました。実際、民主主義を正当化する本格的な理論を初めて提供したと言われるルソーは、国家の枠組みを定める基本法すら、民衆の政治的決定により廃棄できることを強調しています(ルソー 二〇一〇、一五四頁)。つまり民主主義的な手続きに則って民主主義の息の根を止めることができるというわけです。そして後のトクヴィルが指摘していたように、民主主義的な政体の下で生きる人びとの心的傾向には、「後見人」としての為政者を追い求めるという特徴があります。それだけ民主政は独裁に転化しやすいのです。

以上のことから分かるのは、民主主義というものはその性質上、それだけでは不安定だということです。私たちは民主主義を、他の原理によって補強する必要があります。そこで本章では、いま現在、現実世界で民主主義を抑制し、かつ補完している政治思想としての「自由主義」に目を向けたいと思います。実際、日本をはじめとする多くの現代国家が、リベラル・デモクラシー、すなわち自由主義的民主主義と呼ばれる政治体制を採用しています。

ここで注意したいのは、冒頭でも触れた通り、本書では通例よりもそれぞれの政治思想の外延が広くとられているということです。したがって、自由主義の歴史は通例では近代以降のヨーロッパから始まることが多いのですが、本書ではその歴史をさらにさかのぼり、古代から話を始めたいと思います。というのも、現代の視点から過去を振り返ると、自由主義という政治思想は民主主義とはやや異なり、いくつかの別個な要素を束ねるかたちで体系化された経緯を持つように見えるからです。そして自由主義のこのような来歴が、今日における自由主義の深刻な内部対立をもたらしています。

とりわけ日本においては自由主義者《リベラル》を毛嫌いする人びとが散見されますが、他方でそのような人びとの中にも、思想史的に見れば「自由主義的《リベラル》」と呼びうるような性質を見いだすことができます。今日の世界に住む大半の人びとが自覚的な民主主義者であるとしたら、同じく大半の人びとは（少なくとも部分的には）無自覚の自由主義者であると言えます。実際、今日において広く見られる政治的無関心の問題は、実はこの自由主義の生い立ちと深く関わっているのです。その意味で政治リテラシーの涵養をもくろむ本書にとっても、自由主義の歴史は特段に重要なものと言えるでしょう。

1　古代世界に見られるリベラリズム的要素

†ヘレニズム思想

自由主義をめぐる思想史は多くの場合、ジョン・ロックを起点として描かれます（例えば藤原 一九九三）。ですが、そこから逆に近代以前の方向に向かって補助線を引いたときに、その最も古い祖先を古代ギリシアのヘレニズム思想の中に見いだすことができます。ここではまず、その思想潮流が生まれた歴史的経緯から確認していきましょう。

ペロポネソス戦争を経たアテナイは徐々に弱体化し、最終的に紀元前四世紀後半、北方のマケドニア王国の支配下に入ります。それ以降もアテナイでは民主政の実践がしぶとく残り続けたものの、外交や戦争などの重要な決定はマケドニア王国に委ねられ、また民主政そのものも実質的には一部の富者による支配へと変質していきました（橋場 二〇二三、二一一—九頁）。

このことは多くのギリシア人たちにとっては「生きる意味」を揺るがすほどの深刻な問題でした。ポリスの決定に参与するという意味でのギリシア人の自由は大きく損なわれてしまったのです。そこでギリシア人たちの中には、「政治」ではなく「哲学」に人生の意味を見いだす人びとが現れます。この哲学こそが、ヘレニズム思想と呼ばれるものでした。

ヘレニズム思想にはいくつかの学派が存在しますが、例えば後の政治思想史にも大きな影響を及ぼしたストア派という学派は、自然《ピュシス》（自然法）と人為《ノモス》（実定法）を区別したうえで、前者に則した生き方を禁欲的に追求しました。ストア派の創始者であるゼノン（前三三五頃—前二六三頃）に関するエピソードを紹介しておきましょう。老齢に達したゼノンは、ある日足の骨を折る大怪我をします。そこでゼノンは折れた骨を無理に治すのではなく、自然の摂理に従って自らの老いを受け入れ、その場で息を止めて死んでしまったのです。

息を止めるのが自然な死に方かどうかはともかく、ヘレニズム思想にはこのように「あるがままの自然」を従うべき法と考え、生活からなるべく人為的な要素を排することを目指す側面がありました。この「自然《ピュシス》」の定義をめぐって学派がいくつかに分かれたわけです。

別の学派としてキュニコス派という学派があります。このキュニコス派を代表するディオゲネスという哲学者は、裸で生活し、樽の中で寝泊まりしていたと言われています。「キュニコス」というギリシア語には「犬のような」という意味がありますが、文字通り犬を模範とするような生活を目指したということです。

犬は裸であることに恥ずかしさを感じません。したがって裸を恥ずかしいと思う感情は人為的なものです。きらびやかな装飾品や、今風に言えばブランド物の服などもってのほかです。また食事に関しても、贅沢をしておいしいものを食べる必要はありません。栄養をとることができれば十分です。ディオゲネスはそれらの余計な欲望を「鍛錬《アスケーシス》」によって排除し、やはり自然に則した生活を送ることを目指していました（ゴイス 二〇〇四、一一―三〇頁）。彼の生活は今日のミニマリストにも通ずるものがあります。

これらヘレニズム思想に共通する特徴として、「政治に対する蔑視」を挙げることができます。例えばストア派は、理性によって欲望をコントロールし、何事にも動じない心の平静《アパテイア》を目指しました。この「アパテイア」は現代英語で言うところの apathy にあたるギリシア語ですが、political apathy というと日本語で「政治的無関心」を意味します。今日問題視されている「政治的無関心」は、ストア派にとってはむしろ目指すべき状態だったのです。

またキュニコス派のディオゲネスに関しても、樽の中の彼を訪ねてきたマケドニア王アレクサンドロスに対して、「日光浴の邪魔になるのでどいてください」と言い放ったという有名なエピソードが残っています。これらはいずれもヘレニズム思想家たちが、法《ノモス》をつくる営みである政治というものを蔑んでいたことを表すエピソードです。

ギリシア人の価値観は、少なくともこのヘレニズム思想家たちに関しては、いまや逆転することになります。彼らは公的空間（政治）からの撤退を余儀なくされたことで、私的空間（哲学）へと隠遁していきました。現代の視点から見ると、このように公的なものよりも私的なものを優先し、プライベートの充実を目指すことを前面に打ち出したヘレニズム思想は、後の自由主義《リベラル》的な価値観を先取りする画期的なものでした。

そしてここに、いわば「デモクラシーを欠いたリベラリズム」の一つの帰結が示唆されているように思われます。政治的権利を喪失したギリシア人たちは、自分たちの力で生活を大きく変えることができなくなってしまったのです。すると、人びとは為政者の命令を所与の運命として受け入れたうえで、その枠内でプライベートの充実を図ることになります。民主主義的な諸制度が整備された現代世界においてもこうした仕草が見られるのはなんとも皮肉なことです。

†パンとサーカス

しかし他方で、民主主義の制度的側面が進展するなかで、為政者は一般民衆に対して、政治を変えられない運命として受け入れさせたり、あるいは政治から興味を逸らしたりするためのさまざまな装置や工夫を発展させてきたことも押さえておくべきでしょう。

第4章で見るように、ギリシアやマケドニアを併呑《へいどん》するかたちで次に台頭してきたローマという国家においても、民衆が部分的に政治に直接参加する「共和政」という体制がとられます。ですがこの共和政は、内乱の時代を経て、最終的に紀元前二七年、帝政に取って代わられることになりました。

共和政下における貴族の権力闘争に疲弊したローマの一般民衆は、ヘレニズム時代以前のギリシア人たちのように政治参加を通じて得られる「自由」を追い求めることをやめ、「平和」を希求するようになります（佐々木 二〇一二、二二五頁以下）。ローマ人たちは政治に多くを求めなくなったのです。

彼らが求めたのは最低限の食料と最低限の娯楽でした。このことをローマの詩人ユウェナリスは、「パンとサーカス」という言葉で表現しています。ローマの民衆から政治を一任された為政者たちは、この「パンとサーカス」さえ与えておけば民衆がおとなしくしていてくれることに味を占めるようになります。

ここで言われている「サーカス」と、今日の日本語でそれが意味するものとの間には多少のずれがあります。ローマで言うサーカスとは、いまで言うスポーツ観戦や格闘技観戦に近いものを指しています。現代の為政者がオリンピックの実施にあれほどこだわるのを見ると、こうした統治方法があながち古くなってしまったわけでもなさそうです。

ともかくローマの一般民衆は、政治参加を通じて「善く生きる」（動物とは異なる人間にふさわしい生き方をする）ことに興味を失い、「ただ生きる」（単に生命を維持する）ための条件を整えてくれることだけを政治に望むようになりました。

ではこのようなローマ人たちの願いは首尾よくかなえられたのかというと、必ずしもそうとは言えませんでした。「帝政」という政治体制においては、政治のあり方は皇帝の人格によって大きく左右されます。皇帝の中には、五賢帝のように善政を敷く者もいれば、暴虐の限りを尽くす者もいます。そして暴君が現れたとき、もはやローマ人の手にはそれを止めるための手段が残されていませんでした。このようにデモクラシーの失われた世界において、政治というものが抗いがたい運命のようなものとして捉えられたのも無理からぬことでした。ローマ人は「善く生きる」ことを放棄した結果、「ただ生きる」こともままならなくなってしまったのです。

このような世界史上の苦い経験は、人類にデモクラシーの重要性を示し続けています。第1章でも見たように、デモクラシーは問題を多く含んでいるものの、「善き統治」の必要条件であることには変わりありません。そのことはデモクラシーが失われた時代に目を向けることでよりいっそう鮮明になることでしょう。

†キリスト教の登場

ところがローマ人のすべてがパンとサーカスに籠絡されてしまったわけではありませんでした。公的世界から逃避するにしても、いくつかの退路が残されていたのです。例えばローマの貴族たちは、ヘレニズム時代に流行したストア哲学にのめり込みました。マケドニアに征服されたギリシア世界で起こったのと同じようなことが、再びこのローマにおいても起こったのです。ローマの帝政期を代表するストア哲学者としては、セネカ（前四頃―六五）やマルクス・アウレリウス（一二一―一八〇）といった人たちの名前が挙げられます。特にセネカは、ネロ帝に仕え、最後はネロに自殺を命じられて非業の死を遂げました。こうしたこともあってか、彼の著作には此岸《しがん》（人の国）への諦念と彼岸（神の国）

への憧憬が垣間見えます。

しかし一方で、当時は貴族のように古代ギリシアの哲学的な著作が読み解ける人ばかりではありませんでした。またパンとサーカスを提供されたのは首都ローマの人びとだけでしたし、広大な版図を擁していたローマ帝国の周縁地域には、「ただ生きる」ことさえままならない多くの下層民が暮らしていました。そこでこうした人たちのニーズに応えるものとして普及したのがキリスト教という宗教です。

ローマ帝国辺境の地パレスチナで生まれたキリスト教は、貧困層に受け入れられるに十分な素地を有していました。それは「金持ちが神の国に入るよりも、らくだが針の穴を通る方がまだ易しい」と語り、貧しい人間がかえって有利になるような教義をそなえていました。また儀礼を通じてパンとワインを信者に供していたことも、空腹に苦しむ人びとに信仰を広めることにつながったと言われています（田上二〇一五、三七―八頁）。

ただし自由主義思想史の観点から最も重要なのは、キリスト教が「個人の価値」を認める宗教であったことです（岩田ほか　一九九三、一九―二〇頁）。それまではギリシア世界においても共和政ローマにおいても、「個人のために国家が存在する」のではなく、「国家のために個人が存在する」ということが当然のことと考えられていました。個人はあくまでも国家を存続させるための「手段」にすぎなかったのです。

それに対してキリスト教は、個人を「かけがえのないもの」として遇します。このことがよく表れている聖書の一節を引用してみましょう。「あなたがたの中に、百匹の羊を持っている人がいて、その一匹を見失ったとすれば、九十九匹を野原に残して、見失った一匹を見つけ出すまで捜し回らないだろうか」。

これは「ルカによる福音書」の一節ですが、ギリシア的な価値観からすれば、「共同体に迷惑をかける羊のことなど放っておけ」ということになりそうなものです。ところがキリスト教は、そのような羊のことも見捨てません。世界は神の被造物であり、それゆえに人もまた神の被造物であるから、神の贈り物は大切にしなければならない。こうした宗教的教義から、キリスト教は個人のかけがえのなさを擁護しました。

後に体系化された自由主義という政治思想は、ヘレニズム思想に見られたような「私的なるものの優越」だけでなく、このような「個人の価値」を前提として理論を構築していきます。そして、このようにキリスト教によって「個人」というものの価値が発見されたことは、西洋政治思想史におけるまぎれもない画期であったと言えます。

†「神の国」と「地の国」

これまで政治思想としての自由主義が体系化される前の、古代世界における「自由主義的なるものの萌芽」を見てきましたが、ヘレニズム思想の「公的空間からの隠遁」という特徴からも想像できるように、その性質上、自由主義（的なるもの）が政治について積極的に語ることはありませんでした。

ところがキリスト教がローマ帝国にとって無視できない存在にまで拡大するにつれ、徐々にキリスト教も「政治」の存在意義を教義の中で説明する必要が出てきます。キリスト教がネロ帝やディオクレティアヌス帝の時代に迫害されたことはよく知られていますが（それぞれによる迫害の時期は六四年と三〇三年）、ローマ帝国の側も、迫害するよりも利用するほうが得策であると気づきます。そしてキリスト教はコンスタンティヌス帝による公認（三一三年）を経て、三九二年、テオドシウス帝の下で国教に定められます。

このように当初は反乱分子とみなされていたキリスト教は、政治権力と一体化するに至りました。しかしながらこの時期になると、ローマ帝国の周辺地域に住まう異民族のゲルマン人が、たびたび帝国領域内に侵入しては略奪を繰り返すようになりました。そして四一〇年、ついに首都ローマにまでゲルマン人の侵入を許し、略奪の憂き目を見ることになってしまいます。

ここでローマ人は例のごとく「犯人探し」を始めます。ローマ帝国は伝統的な神々を軽視し、キリスト教などという新興宗教を採り入れたから落ちぶれてしまったのではないか。

そうした疑念の声が聞こえてくるようになりました。

この疑念に答えるために執筆されたのが、教父アウグスティヌス（三五四―四三〇）の『神の国』という著作です（福田 一九八五、一〇七頁以下）。序章でも述べた通り、キリスト教においては「暴力」が禁止されています。

図2−1　アウグスティヌス（ボッティチェッリ画）

しかし他方で異民族の侵入を防ぐためには、軍隊というあからさまな暴力行使に頼らざるをえません。こうしたジレンマをアウグスティヌスはどのように調停したのでしょうか。

彼は「神の国」と「地の国」という二つの領域を区別することによって、このジレンマの解決を試みました。一方で「地の国」とは、端的に言うと、ローマ帝国という世俗権力を指しています。キリスト教徒が彼岸に渡るのを待つ間は、どうしても異教徒などの悪が存在する此岸を生き抜かなければなりません。秩序が守られなければ、キリスト教の教義に基づく清貧な生活すら実行できません。そのためキリスト教徒は、仕方なく「地の国」としてのローマ帝国と関係を結ぶ必要があります。

他方で「神の国」とは言うまでもなく天国を指します。そして天国で魂の救済を受けるまでの間、キリスト教徒は政治をローマ帝国に任せる一方で、自分たちは教義に基づく生活を実践します。こうした棲み分けにより、キリスト教徒は政治に「ただ生きる」ことを保障してもらいながら、プライベートな領域で「善く生きる」ことができるのです。

アウグスティヌスのこのような政治思想は、政治を忌避するヘレニズム思想との連続性を有する一方で、政治を「必要悪」として明確に認める契機を含んでいます。このような政治観を「政治的リアリズム」と呼ぶことがありますが、アウグスティヌスの政治思想はまさにこの政治的リアリズムの原初的なかたちを示しています。公的な事柄（政治）よりも私的な事柄（哲学や宗教に基づく私生活）を優先する一方で、まさに後者を守るためにこそ前者を必要とする。このようにリベラリズムと政治的リアリズムは表裏一体のものであるということが、「二つの国」をめぐる彼の議論から読み取れます。

2　中世におけるリベラリズムの萌芽

†立憲主義の萌芽

民主主義という政治思想が民衆による権力の行使を主軸とし、ときには為政者と混然一体となって独裁を支える危険な側面を持ち合わせていたのに対し、以上で見てきたように、自由主義という政治思想の歴史は権力に対する不信に彩られています。そしてこうした側面はローマ帝国崩壊後の中世ヨーロッパ世界においても、新たな要素をつけ加えつつ、いっそう強化されていきます。

中世においては、古代ギリシアの民主政や古代ローマの共和政といった民衆による政治参加の実践の大部分が失われていました。民衆が政治から締め出されている状況の中で、人びとはいったいどのように暴君の出現を防ごうとしたのでしょうか。その最初期の取り組みが、一三世紀初頭のイングランドに見られます。

この頃のイングランドでは王政がとられていましたが、決して国王が独断で政治を行っていたわけではなく、封建的主従関係を結んだ貴族たちの意見を聞きつつ政治を行う慣行がありました。ですが一一九九年に即位したジョン王は、専断的な政治を行い、貴族（諸侯）や都市から厳しく税を取り立てました。

そこで貴族たちは反旗を翻します。一二一五年、追い込まれた国王は、貴族の諸権利を認める文書に署名を迫られることになりました。この文書のことをマグナ・カルタ（大憲章）と言います。いわゆる「憲法」の起源として知られるこのマグナ・カルタにより、国王もまた他の封建諸侯と同じように、「法の支配（rule of law）」の下にあることが確認されました（青木 二〇一八、一一一―三頁）。

この出来事は、後の自由主義を構成する重要な要素である「立憲主義（constitutionalism）」の出発点とみなされていますが、通常「憲法」と訳されることの多いこの constitution という英語には注意が必要です。それは狭義の根本法だけを指すものではなく、しばしば「国家構造」や「国制」とも訳されるように、国家の〈大枠〉を形づくっているものを指しています。したがって立憲主義とは、ただ政治は「憲法」に則って行われるべきだとする思想だけを指すのではありません。それは何らかの〈枠組み〉を侵犯することなく、その中で政治が行われることを重視する政治思想であると言えます。

†議会主義の萌芽

しかしながら、憲法という約束が最高権力者との間で交わされたからといって、その約束が自動的に守られるわけではありません。むしろイングランドの国王はその後もたびたび封建諸侯の諸権利を侵害しようとしました。そこで貴族たちは、国王に憲法を守らせるための手段として、「議会（parliament）」という機関を発展させていきます。国王は封建諸侯の協力を得るために、この議会を通じて、主に徴税などに関する同意を調達する必要があったのです。

その起源として特に重要なものが、一二六五年に開催された「シモン・ド・モンフォールの議会」と呼ばれるものです。これもやはり、時のイングランド王ヘンリ三世が貴族との約束を無視したことが、シモン・ド・モンフォールらの貴族の反乱を誘発したことに端を発するものです。国王から権力を奪取したシモン・ド・モンフォールは統治の基礎を固める必要があったため、貴族や高位聖職者や都市の代表をこの「議会」に参加させ、彼らの協賛を受けて政治を行うことになりました。

しかしながら、この「議会」という機関が、ただ地域共同体の代表者が政治に参加する場としての機能だけでなく、「憲法」と同じように、国王の専制を抑止する機能をも有していたことはきわめて重要です（青木 二〇一八、一八―二二頁）。この時期、国王が貴族の特権を踏みにじろうとするたび、貴族による反乱が起こりました。国王は貴族の協力なしには国を統治できなかったので、貴族の諸権利を無視して絶対的な権力をふるおうとすること自体が、かえって自らの地位を脅かすことになったのです。議会によって統治者の権力の濫用を抑える「議会主義（parliamentalism）」という考え方は、こうした歴史から生まれました。

したがって「憲法」も「議会」も、治者と被治者が試行錯誤を繰り返す歴史の中で、徐々に形成されていったものです。為政者（ここでいう国王）は、絶対的で恣意的な権力を常にふるい続けることは必ずしも得策ではないという教訓を歴史から引き出したのです。前章で見たように、「民主主義」という政治思想が、「現在主義」の問題にも見られるように、そのときそのときの民衆の判断を重視する刹那主義的な契機を含んでいたのに対して、これらの装置を要素として含む「自由主義」は、長い時間をかけて形成された歴史的な叡智との親近性を有するということは、時間意識の観点から両者の政治思想を対比的に理解するうえで一つのヒントになるでしょう。

†資本主義を支えるエートス

自由主義という政治思想に関しては、資本主義経済との結びつきも無視できません。本来キリスト教の教義においては、経済活動というものは蔑視されていました。必要以上の蓄財は卑しい行いとされていたのです。

ところがキリスト教のこうした側面は、宗教改革という出来事を経て重大な変更を加えられることになります。ここではウェーバーの『プロテスタンティズムの倫理と資本主義の精神』に沿って、キリスト教と資本主義の関係を説明したいと思います。

宗教改革とは、贖宥状《しょくゆうじょう》を販売する腐敗した当時のカトリック教会を、ドイツの聖職者マルティン・ルター（一四八三―一五四六）が一五一七年に発表された『九五カ条の論題』の中で批判したことに端を発するキリスト教の内部対立です。ウェーバーは特に、ルターと同じく、カトリシズム（旧教）に対するプロテスタンティズム（新教）の一宗派である「カルヴァン派」の教義に着目して、プロテスタンティズムのエートスが資本主義経済の発展に寄与したことを指摘しています。

カルヴァン派の教義の中に「予定説」という考え方があります。この予定説によると、個々人の魂が来世において救われるか否かは神によりあらかじめ定められており、個人が現世においていくら善行を積んだところでその運命は変えられないといいます。贖宥状の購入という外面的な行為も、もちろん魂の救済につながるはずがありません。

ところがそうはいっても、カルヴァン派の信者は、自分が魂の救済に値する善人であるという確証を得たいと考えるものです。そこでカルヴァン派の信者たちは、神によって与えられた職業（天職《ベルーフ》）を全うすることで、この確証を得ようとします。つまり経済活動によって得られた富を蓄積し、さらにそれを奢侈品などに消費してしまうのではなく、禁欲的に投資に回して事業を拡大するという方向に、このプロテスタンティズムのエートスが人びとを仕向けるというのです（ヴェーバー一九八九、一七二頁以下）。

このようなウェーバーの精神分析が当たっているかはともかくとして、欧米社会のキリスト教道徳において資本主義経済が容認されたことは、自由主義思想史においても大きな転換点でした。そして富の無限蓄積を志向する資本主義経済は、その後一八世紀の経済学者アダム・スミスによって確固たる理論的な基盤が与えられることになります。

また、ここで本書全体の問題関心からしても特に重要なのは、以上のようなプロテスタントの蓄財行動が、決してプロテスタンティズムの教義の創始者たちが意図していたものでは**な**か**っ**たということです（同、一三三―四頁）。ここに序章で政治思想の「理念」の次元と「エートス」の次元を分けた意味があります。思想家たちによって体系化された民主主義や自由主義は、人びとの生活に浸透し、血肉化した価値観となっていくなかで、思想家たちが当初は意図していなかった思考様式・行動様式として現れることがあります。これが、政治思想がもともとの「理念」を離れて人びとの「エートス」になっていく過程です。

さて、資本主義経済がさらに発展を続けると、当初発展を支えていたプロテスタンティズムという精神的な基盤は失われていきます。魂の救済という宗教的な原動力抜きに、富の無限蓄積自体が自己目的化し、資本主義経済は自転するようになる。こうした「合理化」の果てに生み出されるのは「精神なき専門人」であるとウェーバーは言います（同、三六二―六頁）。

これは資本主義に限らず、政治思想一般に見られる現象です。民主主義や自由主義も、長い歴史の中で人びとの生活に根づき、「当たり前のもの」として受け入れられるようになると、それが本来持っていた精神的な力を喪失してしまいます。独裁がもたらした過去の惨禍への反省から生まれた民主主義が独裁に再接近し、権力への警戒から生まれた自由主義が政治的無関心のかたちをとって権力に白紙委任状を与えます。政治思想を魂の抜け殻としないために、私たちは常にその思想が生まれ育ってきた歴史を参照し続ける必要があるのです。

3　リベラリズムの体系化

†自由主義の出発点としてのロック

ここまでいわば「自由主義前史」と呼びうるものを見てきましたが、公的なものに対する私的なものの優先、個人のかけがえのなさ、立憲主義、議会主義、そして資本主義といったバラバラな要素を、一貫した一つの体系的な政治思想としてまとめ上げたのが、一七世紀イングランドの哲学者ジョン・ロックです。

ロックはイングランド内乱が王政復古によって収拾された時代を生きました。ステュアート朝の絶対王政に反旗を翻した議会派は、王党派との武力衝突を経て、一時はイングランドに（「国王がいない」という意味での）共和国を樹立することに成功します。しかし、その後ステュアート家の血を引くチャールズ二世が王位に就くことで絶対王政が復活したのです。とはいえ、イングランドでは相変わらず国王の絶対的な権力を支持する王党派と、国王の権力の制限を目指す議会派との対立は続いていました。

ですが一六八八年、議会派がオランダからメアリ二世とウィリアム三世を新国王として迎えたため、チャールズ二世の跡を継いでいたジェイムズ二世は国外に亡命せざるをえない事態に追い込まれます。この無血革命のことを「名誉革命」といい、翌年にイングランド議会は新国王に「権利の章典」を認めさせることになりました。

図2-2　ロック

ロックの主著『統治二論』は、現在は名誉革命よりもかなり前の時期に書かれたものと考えられていますが、彼はしたためておいたこの著作を、名誉革命の正当化に好都合なものとして一六九〇年に公刊しました。

近代的な思想家という一昔前のイメージとは裏腹に、ロック自身は敬虔《けいけん》なピューリタンでした。

そのため今日では彼の政治思想は宗教的な基礎を有していることがしばしば強調されます（堤林 二〇一六、二四三頁以下参照）。

ロックの政治思想の理論的な出発点は、「神の被造物としての人間の平等」です。彼によれば、人間は神の創り給うた作品であり、そのため人びとは自己を含め、他者をも大切にしなければなりません。ホッブズの描いた自然状態が、自己保存に対する完全な権利を認められた個人（生き残るために何でもすることのできる個人）を単位とする荒廃した争いの状態であったのに対して、ロックの自然状態においては、この自己保存（生命の維持）が、いわば神に命じられた義務として現れることになります（ロック 二〇一〇、二九八—九九頁）。ここに「個人の価値」を究極的な根拠とする自由主義の特色が表れています。

また、ロックは国家が成立する以前から存在する、人間が守るべき規範のことを「自然法（natural law）」と呼びました。これは国家の制定する個々のルールとしての「実定法」と対をなす概念ですが、彼の政治理論においてはこの自然法こそが、国家でいうところの憲法のような根本規範としての役割を担っています。各人に自己と他者の保全を命ずるのもこの「自然法」であり、この自然法に反する実定法は当然無効となります。したがってこの自然法概念は、ロックの立憲主義的な側面と深く関係していますが、これについては後ほど説明します。

†ロックの所有権論

さて、ロックはホッブズと同様、国家が成立する以前の自然状態において認められた権利のことを「自然権（natural right）」と呼びましたが、ホッブズとやや異なるのは、自然権が「所有権」としての側面を持つことです。まずホッブズで言うところの自己保存の権利は、ロックにおいては自らの身体を所有する権利として説明されます。つまり自分の身体は自分のものであり、他の誰かが自由に処分できるものではないというのです。このことから、たとえ国王といえども、臣民の身体をみだりに傷つけたりすることができないという結論が導き出されます。

しかし所有権に関するロックの議論は、単なる絶対王政批判にとどまらない含意を有しています。例えば人間は自らの生命を維持していくために食料を摂取する必要がありますが、そのためには当然、まずはそれを「自分のもの」（所有物）とする必要があります。さらにロックの言う「食料」の中には、狩猟や採集によって得られたものばかりでなく、農耕や牧畜を通じて得られるものも含まれますが、人間は自らの「労働」（それもまた個人の所有物です）を自然物に加えることによって、自然界の一部を自らの所有物として切り取ることができます。

ただし、人間は労働を加えれば加えるだけ無限に所有権の範囲を拡大できるわけではありません。なぜなら人間以外の自然物もまた神の創造物であり、それを必要以上に独占してしまうことは、他者の自己保存を脅かすことにつながるからです。したがってロックは、人間は所有物を消費できずに腐らせてしまうほど所有権を拡大してはならないと言います。

しかしながら、人間は「貨幣」を発明しました。収穫した農作物を腐らせることは神の被造物を無駄にしてしまうことになりますが、この貨幣という人間の創作物は腐敗することがありません（同、三四八頁以下）。このような論理によって、ロックは富の無限蓄積を正当化しうる理論を提供することになりました。先述の通り、ロックの政治理論の中には所有権の無限拡大を抑制するような要素も備わっていますが、にもかかわらず、貨幣に関するこのような議論から、ロックは資本主義の理論家として見られることもあります。

†ロックの社会契約論

さて、それではロックの考える自然状態の人間は、なぜ政治社会の設立に至るのでしょうか。ロックはホッブズのように、公権力を欠いた人間が即座に殺し合いに陥るとは考えません。なぜなら人間は神によって与えられた「理性」という能力を駆使して、神の命ずる「自然法」を認識することができるからです。そのような人間によって構成される自然状態においては、自然法がある程度実効性を持つ規範として機能しています。

にもかかわらず、それでも自然状態にはある種の「不都合」が伴うと彼は言います（同、三〇五―七頁）。なぜなら自然法の解釈には個人の恣意的な判断がつきものだからです。個人と個人の間で権利主張がぶつかり合ったとき、当事者に代わって判決を下す第三者が存在しなければ、議論は平行線をたどり、場合によっては紛争に発展してしまいます。そこで事態を穏便に解決するために、自然状態における個人は「共通の裁判官」としての国家（「政治社会」）を必要とします。この政治社会を設立する契約のことを「社会契約」といいます。

政治社会はこのような経緯で設立されたのですから、その究極目的は諸個人に自然法を守らせ、個人の自然権を保障することにあります。したがって人民は社会契約に際して、実際に統治を担当する政府に対し、自然法が守られることを期待して、政治権力を「信託」することになります。

問題は、政府がどのように統治を行っていくかです。ロックの政治思想が従来の典型的な議会派の主張と異なるのは、彼が「公知の法」を重視したことです（同、四四二頁）。中世以来の立憲主義の伝統を受け継ぎ、歴史の中で培われてきた国王と貴族との間での不文律を重視した従来の議会派に対し、ロックは根本規範は公に明示されている必要があると考えました。それもまた、個々の人間による恣意的な解釈の可能性を排除するためです。

　このようにロックの政治思想は恣意的な権力行使に対する警戒によって特徴づけられます。彼は政治権力を「立法権力」（実定法を制定する権力）と「執行権力」（立法権力によって下された判断を実行に移す権力）と「連合権力」（外国との関係を司る権力）の三つに分けました（同、四六八頁以下）。このうち立法権力を担当するのが議会で、執行権力と連合権力を担当するのが国王ということになります。

　ここで重要なのは、ロックがこの三つの権力のうちの「立法権力」が最も優越すると考えたことです。彼によれば、立法権力の担い手は執行権力の担い手をいつでも解任することができなければなりません。主流の議会派とはやや主張を異にしながらも、ロックの議論はこのようなかたちで、議会派側の勝利に終わった名誉革命を正当化しました。そしてロックの政治思想のこのような側面を「議会主義」と呼ぶことができます（図2-3）。しかし、ロックの権力に対する不信はこれだけにとどまりません。なぜなら立法権力も

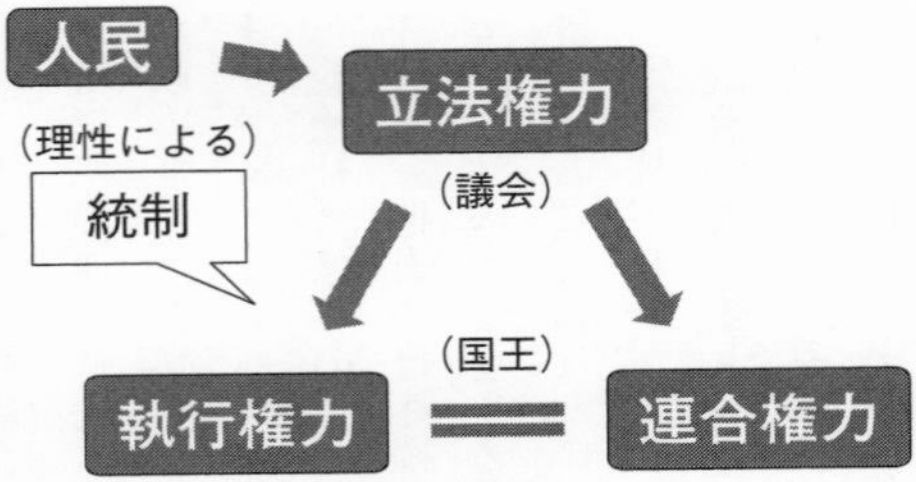

図2-3　立法権力の優越（ロック）

また、自然法を破って信託に背く統治を行うかもしれないからです。政治社会の成立以降も、自然状態からあった自然法が根本規範として機能し続けることになります。したがって政府は引き続き「法の支配」の下に置かれます。ロックの政治思想のこうした側面を「立憲主義」と呼ぶことができます。

ただし、自然法はおのずと守られるわけではありません。その実効性はやはり暴力によって担保される必要があるのです。そこでロックは、人民の「抵抗権」（実力をもって政府に抵抗する権利）と「革命権」（新しい政府を打ち立てる権利）を認めました。政府が信託に背いているか否かを最終的に判断するのは人民であるとロックは言います（同、五八六頁）。このように人民を究極的な政治的判断の主体としている点で、ロックの政治思想のこの最後の部分に関しては「民主主義」と重なる部分があると言えます（ただし、彼の政治思想においては人民による政治参加の制度的な回路が用意されているわけではないことに注意が必要です）。

以上で見てきたように、ロックの政治思想は、古代から中世にかけて散在してきた自由主義的な要素を一つの体系的な政治思想に結集させたものとして見ることができます。そして以後の自由主義思想史の展開においても、彼の政治思想は原点としてたびたび参照されることになりました。

図2－4　モンテスキュー

†モンテスキューの三権分立論

ロックの自由主義思想を一八世紀のフランスで部分的に継承して発展させた人物として、次にモンテスキュー（一六七九―一七五五）を取り上げておきましょう。彼は法服貴族として法実務に携わるかたわら、大著『法の精神』を一七四八年に出版して後のアメリカ合衆国の政治体制にも大きな影響を及ぼしました。

モンテスキューといえば「三権分立」論で広く知られています。それはロックの影響を受けたと思わせるものですが、実は両者はかなり異なる発想に基づいています。そもそも先に見た通り、ロックの政治思想においては、三つの権力が横並びの状態にあるのではなく、明確に立法権力が他の二つの権力に優越するものとされていました。そして、さらにその立法権力を担う議会のことを、人民が監視の目を光らせて抑制するという多重構造がとられていたわけですが、その構造の一つ一つが、権力濫用に対する欲望（情念）を、自然法を認識する理性によってコントロールするという図式をとっていました。

それに対してモンテスキューは、情念を理性によって克服しようとするのではなく、情念と情念を対抗させることによって、おのおのの情念が不当に拡大することを国家構造(constitution)の仕組みによって防ぐという構想を思い描きます(ハーシュマン 一九八五、七五―七頁)。一八世紀に入ってからも、名誉革命を経たイングランドとは異なり、フランスにおいては絶対王政がとられていました。それどころか名誉革命と同時期には、従来貴族によって担われてきたフランスの司法機関である「高等法院」の権限が弱められ、また身分制議会である「全国三部会」も二〇〇年近く開催されず、ルイ一四世の下で国王への権力集中が加速していきます。

自らがボルドー高等法院副院長であったモンテスキューは、一七二九年から三一年にかけて名誉革命後のイギリスを視察し、帰国後『法の精神』の執筆にとりかかります。彼は、絶対王政が強化される前のフランスにおいては、特に高等法院が国王の専制に対する防波堤として機能していたことに着目します。一七世紀半ばに起きたフロンドの乱などにも見られるように、国王が伝統的な権限を踏み越えて貴族の特権を侵害しようとするとき、貴族による抵抗の基盤となったのはまさにこの機関でした。

以上のことを踏まえて、モンテスキューは権力を「立法権」と「執行権」と「裁判権」の三つに分類します(図2-5)。ロックとの違いは、このうちの特にどれかが他に優越するわけではなく、三つの権力が同等の地位に並置されている点にあります。そしてモンテスキューの「三権分立」という構想においては、例えば国王が権力を濫用したいという欲求に駆られたとしても、貴族の諫言によってこれが防がれ、またそれによって貴族の自由も守られることになります。

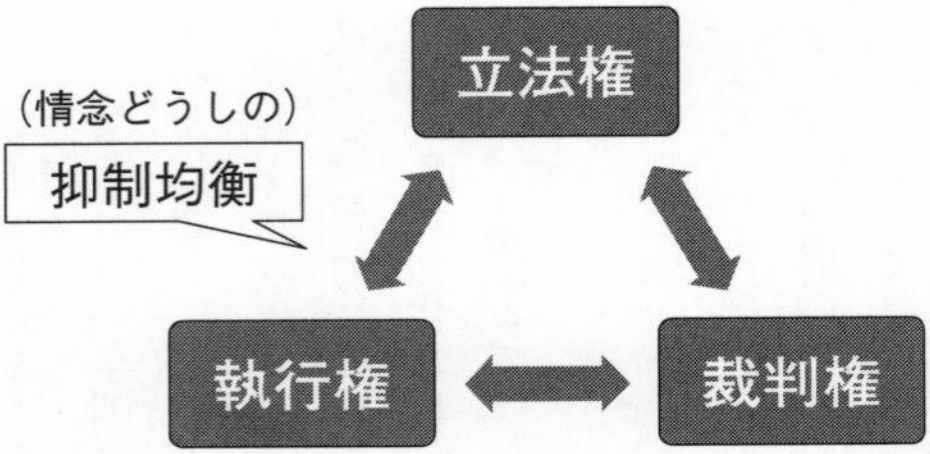

図2－5　三権分立（モンテスキュー）

　このとき重要なのは、貴族はなにも国全体の繁栄を願う公共精神からこうした行為に及ぶのではないということです。モンテスキューによれば、貴族を諫争に駆り立てるのは、国王からの偏愛と寵遇を受けたいと企む貴族の名誉欲です（モンテスキュー二〇一六、四五頁）。モンテスキューは言います。「各自は自己の特殊利益に向かっていると信じながら、共同の善に向かっていることになる」、と。このように情念と情念を対抗させることで政治体をうまく回していこうとする発想は、一八世紀以降の自由主義の発展を特徴づけるものとなっていきます。

†イギリスにおける議院内閣制の成立

　ではイギリスにおいては、自由主義思想は一八世紀以降どのように発展していったのでしょうか。

名誉革命によって成立した政治体制のことを「名誉革命体制」といいますが、この体制において国王はかつてのような絶対的な権力をふるうことは抑制され、マグナ・カルタや権利の章典といった人民との約束としての憲法によって縛られる「立憲君主政」がとられることになりました。

この体制が成立する前後から、議会は国王を選ぶことができるとする「ウィッグ」と呼ばれる立場と、王位継承権は血筋によって決められており、議会によっても変更できないとする「トーリー」と呼ばれる立場との対立が深刻化していました。前者が後の「自由《リベラル》党」に、後者が後の「保守党」につながっていきます。

イングランドの「立憲君主政」においては、当初は国王からの信任を受けた有力大臣が「内閣」を形成し、国王はこの内閣の意見を聞きつつ政治を行っていました。ところが一七一四年に即位した国王ジョージ一世はドイツのハノーファー選帝侯を兼任していたため、内閣に顔を出さなくなり、代わりに内閣の最有力大臣（Prime Minister）にイギリスの政治を一任するようになりました。以降は議会で多数派を形成する政党の党首が首相を務める「議院内閣制」がイギリス政治の慣行となります。他方で国王は「君臨すれども統治せず」と言われ、こちらは主に国民にとっての象徴的な地位を担うようになりました。

図2－6　ヒューム

†ヒュームの「黙約」論

こうした政治的慣行がイギリスの伝統としてようやく根づき始めた頃に登場したのが、哲学者ヒュームでした。彼は、名誉革命体制以前の王朝の復活をもくろむ「ジャコバイト」と呼ばれる反動的な勢力と、反対に名誉革命は不十分であるとし、国王という地位そのものを廃止しようとする「共和主義者」と呼ばれる急進的な勢力との板挾みに遭いながら、この根づきつつある伝統をなんとか守ろうとした思想家でした（なお、王政を否定しない「共和主義者」については第4章で触れます）。

ヒュームにとってロックの議論は、あまりにも過激な政治的含意を有するものでした。というのも、ロックは「自然法」の概念に依拠して名誉革命を支持しましたが、「自然（nature)」の概念とは論者によって異なりうるものだからです。ヘレニズム思想が多種多様な学派を擁していたことからも分かるように、人間にとって何が「自然」か、何が人間の「本性（nature)」であるかという問いに対する答えは人によって異なります。当時のイギリスにおいても、万世一系の国王と臣民との間の非対称的な関係が「自然」と考える者もいれば、逆に国王のいない平等な関係こそが「自然」であると考える者もいたわけです。したがって両陣営が形而上学的な「自然」の概念に依拠して議論を展開すると、イギリスはまた内乱に突入してしまうことになりかねません。

そこでヒュームは、まず現実から遊離した「自然法」なる超越的な規範が存在すること自体を否定します。「理性は情念の奴隷」だと彼は言います（ヒューム 二〇一九、第二巻、一六三頁）。つまりロックの重視する人間の「理性」という能力は、決して神の意志を認識しうるような高尚な能力ではなく、自己保存を追求する「情念」を手助けするだけの打算にすぎないというのです。したがって人間は、長い歴史の中で試行錯誤を繰り返しながら、徐々に「慣習」を形成していくことになります。

例えばロックは私有財産権を政治社会が成立する以前から認められた「自然権」であるとしましたが、ヒュームはこれを否定します。ヒュームによれば、人間は決して理性に基づく明示的な契約によって個人の私的所有権を保障しているわけではなく、「自分の私有財産の安全を確保するためには、他人の私有財産権も認める必要がある」という功利的な打算から個人が行動するなかで、結果的にあえて誰も破ろうとはしないような諸規則が形成されているにすぎないというのです（ディキンスン 二〇〇六、一三二―六頁参照）。このように暗黙の裡に形成された約束のことをヒュームは、明示的な社会契約というフィクションに対比して「黙約」と呼んでいます。

†ヒュームの文明社会論の思想史的意義

ヒュームの文明社会論は後の自由主義思想史の流れに多大な影響を及ぼしました。というのも、それは「自然《ピュシス》」と「人為《ノモス》」を対立的なものとして捉えるそれまでの政治思想の主要な考え方に異議を唱えるものであったからです（ハイエク二〇〇九、五一―二〇頁）。

ヒュームによれば、人間は現実を超越する理性という能力を行使して理想を発見するわけでは決してなく、生活を反復するなかで繰り返しうまくいってきた慣行を理想と同一視しているにすぎません。つまり現実が理想に基づき設計されるのではなく、反対に現実の反復の中から理想なるものが生じるとヒュームは考えます。このように現実から遊離した客観的な理想なるものが存在することを疑う立場のことを「懐疑主義」といいます。

ヒュームはこの懐疑主義の立場に立つことにより、彼と実際に交流もあった同時代人のルソーと理論的な訣別《けつべつ》を果たすことになります。一方でルソーは、文明社会の成立によって人間は腐敗してしまったと考え、それを社会契約に基づく自由な国家の設立によって乗り越えようとし、後のフランス革命に影響を与えました。それに対してヒュームは、むしろ既存の文明社会を肯定的に捉える立場をとります。この文明社会の是非をめぐって二人は対照的な態度をとるのです。

「文明社会」とは、歴史の中で人間の営為の集積として徐々に形成されるものですが、その反復を多くの人びとが「理想」と錯覚することで統治も被治者の同意に基づくものとなり秩序も安定しているのだから、それに越したことはないとヒュームは考えました。実際、ヒュームの生きた時代は、内乱の一七世紀を乗り越えたイギリスが、ようやく安定に向かい始めた時代だったのです。それをわざわざジャコバイトや共和主義者たちが主張する「理想」のためにもう一度揺るがす必要は果たしてあるのか、とヒュームは懐疑を投げかけます。このように「理想」というものにきわめてドライな見方をとるのがヒュームの特徴と言えます。「習慣は第二の天性なり（Habit is a second nature）」という表現が英語にもありますが、この言葉はまさに文明社会が「自然化した人為」であることをうまく表しています。人間は日常生活を繰り返すなかで、それを「当然（natural）」のこととして受け入れるようになるのです。

それに対してルソーは、文明社会に染まった者が「当たり前」と考えていることは、必ずしも人間の「本性」ではないということを暴露しようとしました。このことが共和主義者ルソーと自由主義者ヒュームの袂《たもと》を分かつことになるのですが、ルソーの共和主義的側面については第4章で触れたいと思います。

以上のようなヒュームの議論は、自由主義の中でも特に「立憲主義」という政治思想に対してきわめて重大な示唆を与えています。ヒュームにとっての「国制（constitution）」とは、まさに彼の時代に定着しつつあった名誉革命体制のことを指していました。この国制をロックのように形而上学的な「自然」概念によって擁護するのではなく、それを「慣習」として擁護したのです。

人間の試行錯誤を通じて徐々に歴史の中で構築された慣習には、先人たちの叡智が詰まっています。広義の「国制」（政治体制）だけでなく、「憲法」にもこうした側面があります。名誉革命以前のイギリスや絶対王政時代のフランスのように、もしも慣習が人民にとって抑圧的なものであるときには、形而上学的な「自然」概念が解放の原動力になることもあります。しかしながら、現行憲法によって人民が生命や自由を保障されている場合はどうでしょうか。

国家のあり方を規定する国制や憲法には人類の歴史的な反省が含まれています。したがって、それに変更を加えようとするとき、私たちは先人たちの反省と、いまを生きる人民の意志とを天秤にかけることになります。国制や憲法が持つ歴史的な重みを強調するヒュームの文明社会論は、現代においても重要な問題を投げかけています。

†「共感」を求める人間本性

さて、ヒュームの文明社会論は次のアダム・スミス（一七二三―九〇）によってさらに敷衍されていきます。ヒュームが主に執筆活動を行った一八世紀前半のイギリスにおいては、国王が政治に口出しをせず、議会からの信任を得た首相が政治を主導するという慣行が守られましたが、一七六〇年に即位した新国王ジョージ三世はこの慣行を破ろうとしました。

彼はそれまで課税を免れていたアメリカ植民地に対して次々に新たな税金を課したり、貿易を国家の統制下に置く重商主義を推し進めたりして、経済に対する介入を強化したのです。しかし実態としては、彼の重商主義政策は貿易を独占する東インド会社の一部の特権的な商人のみを利するような仕組みとなっていました。

図2－7　アダム・スミス

そこでスコットランド出身の経済学者スミスはこのような政策を批判します。スミスは一七五九年に出版された『道徳感情論』の中で、まず人間本性（human nature）に備わる能力としての「共感」の作用に着目します。ルソーが文明社会における人間の「利己心」を批判的に描いたのに対して、スミスは人間を「利己心」だけでなく「共感」の能力を持つものとして描きます。

スミスにとって人間とは、他者の感情を追体験する能力を持つだけでなく、他者からの共感を欲する存在です。そしてこのような欲求が、自己利益の追求に一定の歯止めをかけます。なぜなら他者を害するかたちで私利私欲を満たそうとするような人間は他者からの共感が得られないからです（坂本二〇一四、一二七—九頁参照）。

スミス以前の時代においては、多くの思想家は個人による私的利益の追求を野放しにしておくと、公益が損なわれてしまうと考えていました。ジョージ三世が重商主義政策を主導したのもこうした考えからでした。経済活動は国家により統御されるべきであるという考え方が一般的だったのです。

それに対してスミスは、個人の自由な経済活動を放任したからといって、社会がただちに無秩序状態に陥ることはないと言います。「共感」を欲する人間本性がそれを防ぐというのです。このような論理によって、スミスは従来の一般的な考え方に重大な変更を加えることになりました。

†スミスの経済的自由主義

さらにスミスは一七七六年出版の『諸国民の富（国富論）』の中で、市場経済の成り立ちについてもやはり人間本性の観点から説明しています。彼によれば、人間には他の動物とは異なり、「交換性向」というものが備わっています。人間は自らの欲求を満たそうとするときに、欲しいものを他者から奪ったり、あるいは飼い主の善意に頼ったりするのではなく、他者との「交換」によって得たいものを得ることができます。

狭義の「物」だけでなく、市場経済を支える「分業」もまた人間の交換性向の帰結です。分業は誰かが意図して設計した社会の仕組みではなく、このような人間の自然的性向から、各人の欲求をより効率よく満たすための手段として歴史の中で徐々に形成された仕組みなのです（スミス 二〇二〇、第一巻、五一―三頁）。したがって人間はおのずとこの社会的な役割分担を発展させていくことになります。

こうしてできあがった市場経済を、スミスは「自然的自由のシステム」として擁護しています。人間本性を自由に放任しておけば、まるで「見えざる手」が働いているかのように、おのずと公正な価格と全体の富の増大という意味での公益が達成されるというのです。これに対して重商主義政策は、このような自然のメカニズムを余計な人為によって歪めてしまうものとして忌避されます。

ロックが個人の自然権を政府の恣意的な権力から守ろうとしたのに対して、スミスは市場経済を「自然」の領域とし、それを政府の「人為」による介入から保護しようとしました。その意味で、スミスの社会思想はロックの自由主義思想の経済的な側面をさらに推し進めたものとして見ることができます。

第3章の末尾で触れるとおり、スミスが決して自由市場経済を手放しで称賛したわけではないことには留意しておく必要があります。とはいえ基本的には、市場経済という〈大枠〉を国家が保障しさえすれば、あとはその下で個人が情念に従って動くことにより、秩序も公益も達成されるというのがスミスの構想でした。このように情念を理性によって克服するのではなくむしろ利用しようとした点に、モンテスキューと共通の一八世紀的な自由主義の特徴が表れていると言えます（ハーシュマン 一九八五参照）。

4 社会に浸透するリベラリズム

†法学者ベンサムの功利主義思想

イギリスにおいては一八世紀を通じて自由主義思想が発達する一方で、一九世紀には民主主義思想に基づく運動が盛り上がり、続いて選挙権の拡大を中心とする民主主義的諸制度の進展が見られることになります。その移行期に位置する思想家として、ジェレミー・ベンサム（一七四八―一八三二）の名前を挙げることができます。ここではベンサムの自由主義的側面を見ていきましょう。

ベンサムは「功利主義」という倫理学的な立場の先駆者として知られていますが、彼の人間観もまた、情念に衝き動かされる存在というヒュームやスミスの人間観と連続性を有するものでした。彼は次のように言います。

図2-8　ベンサム

自然は人類を苦痛と快楽という、二人の主権者の支配のもとにおいてきた。われわれが何をしなければならないかということを指示し、またわれわれが何をするであろうかということを決定するのは、ただ苦痛と快楽だけである。一方においては善悪の基準が、他方においては原因と結果の連鎖が、この二つの玉座につながれている（ベンサム　一九六七、八一頁）。

つまり、人間は快楽を追い求め、苦痛を避けようとする存在であり、また善悪の観念も人間のそのような傾向に即したものだ。すなわち快楽を増大させるものが善であり、苦痛を増大させるものが悪である、というのです。人間の「理性」ではなく「情念」を強調する点ではヒュームと共通しています。

しかしながらベンサムは、イギリス国制の伝統を固守しようとしたヒュームとは異なり、むしろ因襲を改革しようとした法学者でした。彼は人間のこうした性質を利用して、刑法によって社会を公益へと導こうとしました。彼は自身の目標を、社会全体の快楽の総計を増大させることという意味で、「最大多数の最大幸福」と表現しています（スコフィールド二〇一三、六二―七一頁参照）。

快楽を増やし苦痛を減らすことを目指すのであれば、なぜそもそも政府や法律などというものが必要となるのでしょうか。というのも、それは人びとに命令や罰則を下したり、その行動を制限したりする点において、人びとの苦痛を増大させるものだからです。しかしベンサムは、政府や法律といった少量の苦痛が存在することにより、社会全体の快楽（幸福）はかえって増大すると言います。なぜならホッブズが考えたように、政府や法律が一切存在しない状態は過酷であり、そもそも幸福を追求するための秩序すらままならないからです。

そこで立法者にとっては、個人が法律を破ったときの「制裁」により生じる苦痛を、犯罪によって得られる快楽よりも大きなものに設定することによって、人びとに犯罪を思いとどまらせることが目的となります。このように政府や法律といったものを「必要悪」として捉えるベンサムの政治思想は、自由主義の思想的特徴を大変分かりやすく表しています。

またこの目的を達成するためには、そもそも刑法が明文化され、一般市民が法律の内容を知ることができなければなりません。ところが一八世紀の末頃になっても、イギリスにおいては依然として法律の内容が法曹によってしか知りえない状態にありました。そこでベンサムは、刑法の明文化(「法典化」)を目指して実際に政府に働きかけていきます。

このようにベンサムにおいても、刑法という〈枠組み〉の下で、諸個人が快楽と苦痛の比較衡量を行うことにより(要は情念に衝き動かされて自由に動くことにより)、おのずと社会の秩序が保たれ公益が実現されると考えられていました。こうした点において、ベンサムは一八世紀的な自由主義の伝統を引き継いでいます。

ですがベンサムの提案する法改革は、一向に実現されることがありませんでした。なぜなら不文法の伝統によって利益を得ていた法律の専門家たちにとっては、そもそもこうした改革の動機が生じえなかったからです。そこでベンサムは民主主義へと向かうことになるのですが、そのことについては第4章で改めて触れたいと思います。

図2－9　パノプティコンの例（プレジディオ・モデーロ、Freemanによる）

†近代社会というパノプティコン

　ところでベンサムは刑法のみならず、刑務所に関しても改革を提案しています。この改革案に関しては、特に二〇世紀の哲学者ミシェル・フーコー（一九二六—八四）が取り上げたことでよく知られていますが（フーコー　一九七七、一九八頁以下）、ベンサムの考案した刑務所の構造を「パノプティコン」といいます。

　パノプティコンは「一望監視施設」という日本語に訳されることが多く、そこには看守による囚人の監視を劇的に効率化させるために発案された構造的な工夫が施されています。パノプティコン型の刑務所においては、中央の監視塔を囲む円周上に個々の独房が配置され、さらに監視塔から独房に向かってまばゆい光が照射されているため、監視塔からはもちろん独房の様子が一望できる一方で、独房からは監視塔に看守がいることすら確認できません。

　このような構造は、囚人の「自己規律」を促進することができるとベンサムは言います。

なぜなら囚人からは監視塔の中の様子が見えないため、囚人はいつでも看守に監視されているつもりで生活しなければならなくなるからです。このように看守が不可視であることにより、囚人の行動を律する権力は囚人の中に「内面化」されることになります。囚人は実際の看守に従うのではなく、自分の中の看守のイメージに従うことになるのです。このことを「自己規律」といいます。

こうしたベンサムの構想は、刑務所の維持費の削減というかなり実務的な問題意識と関わっていました（スコフィールド 二〇一三、九九頁以下）。つまり極端な話、監視塔から看守が見張っていると囚人が思い込んでくれれば、監視塔には看守は一人もいなくてもよいわけですから、これが成功すれば人件費は劇的に削減できます。ですがフーコーは『監獄の誕生』の中で、ベンサムのパノプティコン構想に典型的に表れているように、近代以前の身体刑（公衆の面前での鞭打ちや斬首など）という著しくコストのかかるやり方と比べたときに、近代社会はより巧妙で効率的な統治方法を発達させ、それゆえに人びとにとってはより息苦しい社会になったと言います。

†パノプティコンと新救貧法

さて、ベンサムはパノプティコン型監獄を建設するために、為政者に直接働きかけ、さらにはそのための土地まで購入し確保したにもかかわらず、彼の構想が実行に移されることはありませんでした。先述の刑法改革と同様、この構想も斥けられることになったのです。自身が公益をもたらすと確信する改革案を一向に採用しない為政者たちにしびれを切らしたベンサムは、為政者の善意に期待することをやめ、以後民主主義思想へと傾いていきます。

しかしながら、パノプティコンはなにも監獄だけのために設計された構造ではありませんでした。それは軍隊や病院、学校といった施設にも転用しうる構造です。そしてベンサムのこのような構想は、監獄に適用される計画は頓挫したものの、別のかたちで死後に実現されます。彼の弟子であるエドウィン・チャドウィックの働きかけによって、一八三四年、新救貧法が成立したのです。

イギリスにおいては古くから「救貧法」という法律が存在しました。これは教区ごとに徴収した税金をもとに、生活困窮者に金銭を給付する社会保障制度のことです。このような直接現金支給による救貧活動のことを「院外救済」といったりしますが、産業革命を経て貧困層が膨れ上がっていた一九世紀初頭のイギリスにおいては、こうした慣行が財政を圧迫していました。

そこでチャドウィックは、ベンサムのパノプティコン構想を採り入れつつ、「院内救済」への移行を提案しました。つまり働く能力のある貧困者を「救貧院《ワークハウス》」という施設に収容し、強制労働に従事させるべきだと主張したのです。そして救貧院の内部の実態をわざと悲惨なものに保っておくことにより、救貧院に入りたくない貧困者たちが外の世界で必死に働くようになることが彼のねらいでした。こうした提案は政府により採用され、現実にパノプティコン型の構造を持つ救貧院が建築されることになります。実際、救貧院は「貧民のバスティーユ」であると、この時代には言われていました。

このような救貧院の実情は、同時代の小説家チャールズ・ディケンズ（一八一二―七〇）による『オリヴァー・ツイスト』の中でも痛烈に風刺されています。

> 何も食べずに生きていられる馬について偉大な理論を打ち立てた実験哲学者のことは、誰もが知っている。実験は見事成功し、ついに彼の馬は一日に藁《わら》一本で生きられるようになり、やがては何ひとつ食べない元気な暴れ馬になるところだったが、空気という美味《おい》しい飼料だけを食べはじめる二十四時間前に死んでしまった。（ディケンズ 二〇一七、一一頁）

ここで言われている「実験哲学者」とは、ベンサムやチャドウィックのことを指しています。

ディオゲネスの生き方にも典型的に見られるように、政治を自らの手によってコントロールする手段を奪われた人間は、政治を変更不可能な運命として受け入れ、その与件の下で最適な生活を志向します。政治の失敗によって実質賃金が下がり続けたとしても、政治を変更不可能と考える人びとは、ディオゲネスのように欲求を切り詰めることにより、与えられた生活の中でなんとか幸せを見いだしていこうとします。しかしながら、これでは右の馬のように、気づいたときにはもはや手遅れということにもなりかねません。

筆者自身、二〇歳前後の学生たちと触れるなかで、「日本人はいまの生活に満足しているから政治に関心を持たないのではないか（そしてそのことの何がいけないのか）」といった意見に接することがよくあります。しかしその満足は、与えられた運命に適合するために、無意識の「鍛錬《アスケーシス》」によって自らがつくり出した満足かもしれません。本当は政治によって自分たちの生活が改善される余地があるかもしれません。自然によって一方的に規定されるだけの「満足した豚」（J・S・ミル）に甘んじるのでない限り、私たちはそのことを厳しく自己点検する必要があります。

†ヴィクトリアニズムという監獄

この救貧法改正という出来事は、なにもベンサムやチャドウィックといった少数のエリートが民衆の意見を無視して断行した改革ではありませんでした。むしろ当時の社会に広く見られた道徳観が、この改革を後押ししたと言えます。

この時代の道徳観のことを、当時の女王の名前にちなんで「ヴィクトリアニズム」と言うことがあります（梅澤 二〇二〇、二二五頁以下）。ヴィクトリアニズムとは平たく言うと、経済的な資質と道徳的な資質との間に密接不可分な関係を見いだす道徳観のことです。この道徳観の下では、経済的な成功を収めた人物は道徳的にも優れているとみなされます。反対に経済的な困窮に陥っている人びとは、道徳的に劣っていることがその要因であると考えられます。

ヴィクトリアニズムにおいては勤勉、忍耐、節制といった徳目が重視されていました。つまり富める者は勤勉な性格を有しているからこそ裕福な生活をしているのであり、反対に貧乏人は怠惰な性格が災いして貧困に陥っているので自業自得だ。餓死するのが嫌なら節制を心がければよい、ということになります。「天は自らを助くる者を助く」という格言でよく知られる、サミュエル・スマイルズの『自助論』（一八五九）という自己啓発書が広く読まれた背景には、このような価値観がありました。

こうしたいわゆる「自己責任論」は、一九世紀の終わり頃になると、さまざまな社会調査によって否定されていきます（同、七四―五頁）。つまり努力ではどうにもならない貧困の存在が科学的に立証されるわけです。しかし、少なくともこの一九世紀前半のイギリスにおいては、まだ「自己責任論」が社会的に広く信奉されていました。このような背景から成立したのが新救貧法でした。

つまりパノプティコンは救貧院の外にもあったのです。パノプティコン型の救貧院に収容された貧者だけでなく、救貧院の外にいる中産階級から上層労働者階級に属する人たちも、このヴィクトリアニズムという道徳観に縛られて禁欲的に働くことを余儀なくされていました。イギリスでは一八三二年に第一回選挙法改正が行われますが、この改正によって選挙権を得たのはまだ貴族を含む一部の富裕層に限られていました。そのため、それ以外の一般的な人びとは、ごく一部の人びとが営む政治によって与えられた条件の下で、パブリックではなくプライベートな領域で、こうした社会的ステータスを追求するしかなかったのです。

このようにヴィクトリアニズムという内面化された規範によって行動を規制された人びとが構成する一九世紀前半のイギリスは、まさにフーコーが言う意味でのパノプティコンに覆われた近代社会の一つのあり方を示しています（フーコー 一九八六参照）。

†ウィッグの反民主主義思想

それでは近代社会という監獄の看守にあたる為政者はこうした状況をどう捉えていたのでしょうか。この時代のヴィクトリアニズムに適合した政治思想を発展させたのが、自由党の前身にあたる「ウィッグ」という党派に属する理論家たちでした。彼らの政治思想を特に「ウィッグ主義」と呼びます。

ウィッグの理論家としては、まずジョン・オースティン(一七九〇―一八五九)という法学者が挙げられます。オースティンは革命などを通じて目まぐるしく政体が変転するフランスに比して、名誉革命以来一〇〇年以上にわたってイギリス国制が安定していることの要因を、イギリス国民が持つ「合憲性の感情」に見いだしました。

彼によれば、イギリス国民はたとえ私生活にどれほど不満があろうとも、イギリス国制のあり方それ自体を疑うことを知りません。当時のイギリスにおいては普通選挙がまだ実現しておらず、したがって政治はごく一部の少数者によって営まれていたわけですが、国民の大半は民主主義を求めることなく、既存の国制におとなしく従ってくれています。支配者からすれば、これほど好都合なことはありません。オースティンはこのようなイギリス人の性格に基づくイギリス国制の安定性を賛美しました(遠山二〇一七、四一―五頁)。

また、同じくウィッグのウォルター・バジョット（一八二六―七七）という人物は、一八六七年に『イギリス国制論』を公刊し、イギリス国制が安定している仕組みをより体系的に説明しました。この著作は、迫りくる次の選挙法改正によって選挙権が拡大し、イギリスが民主主義へと向かっていく流れに抗して、少数者支配としての当時のイギリス国制のあり方を守ろうとする保守的な立場から書かれた作品でした。なお、バジョットの抵抗もむなしく、同年の第二回選挙法改正によってイギリスは民主主義への跳躍を遂げることになります。

図2-10　バジョット

ではバジョットはどのようにしてイギリス国制の伝統を擁護しようとしたのでしょうか。彼はイギリス国制安定の秘訣を、イギリス人が広く有している「信従心」（あるいは「恭順の念」）に見いだします（バジョット 二〇二三、下、一四頁。遠山 二〇一七、九六―一〇〇頁）。つまり、イギリスにおいては支配者と被支配者との間に信頼関係が成り立っているというのです。

ここまではオースティンの「合憲性の感情」論と重なる部分もありますが、バジョットはさらにイギリス国制を構成する諸要素がそれぞれ有する機能に着目します。イギリス国制は「尊厳的部分」と「実効的部分」とに区別することができます（バジョット 二〇二三、上、一九頁以下）。彼がこの書物を著した一九世紀半ばにおいては、すでにイギリス国王という存在は実質的な政治的権力を喪失しており、つまりイギリス国制の「実効的部分」は貴族などの富裕層を中心に構成される議会や内閣によって担われていました。

それに対して国王は、依然としてイギリス国制の「尊厳的部分」を担っています。政治は政治家に一任し、自らは政治的な関心を持たない無知な国民でさえも、イギリス王室に対しては畏怖と尊敬の念を持っています。実際にイギリス国民を統治しているのは、内閣と議会を構成する人びとであるにもかかわらず、彼らは自分たちが神の恩寵を受けた世襲の国王によって統治されていると信じ切っている、とバジョットは述べます（同、下、一三〇頁）。

つまり実際に政治を動かしている少数の富者たちとは別に、神話に彩られた国王が象徴的存在として君臨することによって、国民は畏敬の念をもってイギリス国制に服従しているというのです。

実際、後の保守党につながるトーリーが古くからの貴族を主な支持基盤としていたのに対し、ウィッグは工場主などの新興資本家階級を中心に支持を得ていました。選挙権の拡大によってもし中産階級や労働者階級が政治に参加するようになり、貧者の利益を代表するような政党が結成されてしまうと、自分たちが権力を失うことは目に見えています（事実、ウィッグ党を前身とする自由党は二〇世紀に入ると政権争いから退いていきます）。

そのためウィッグの理論家や政治家たちは、なんとしてでも民主主義に向かう流れを食い止める必要がありました。かつてあれほど激しく国王と対立していた彼らが、いまさら象徴としての国王に縋《すが》らざるをえなくなったのは、民主主義が日に日に現実味を帯びたものとして彼らの地位を脅かしていたからです。この時代の自由主義者たちが必死で民衆を無知の状態に置き、政治から遠ざけておこうとしたのには、それなりの理由があったのです。

†J・S・ミルの「思想の自由市場」論

一九世紀のイギリスには、ウィッグ主義とは別のかたちでロック以来の自由主義を継承したもう一つの思想潮流が存在しました。それは「ラディカル」（「哲学的急進主義」とも）と呼ばれる立場です。今日においても代表的な自由主義者として知られるジョン・スチュアート・ミル（一八〇六―七三）という人物は、ウィッグではなくラディカルに属する思想家でした（遠山二〇一七、四五頁）。

ウィッグとラディカルの違いは、おおざっぱに言ってしまうと、民主主義に対する態度の違いにあります。民主主義に真っ向から反対したウィッグに対して、ベンサムやミルに代表されるラディカルは、民主主義をむしろ推し進めようとする立場でした。つまり自由主義思想の伝統に身を置きながら民主主義に抗したウィッグとは異なり、自由主義と民主主義の双方を支持したラディカルは、次章で扱う今日のリベラル・デモクラシー（自由主義的民主主義）の直接の祖先とみなすことができます。

さて、自由主義思想の発展に対する重要な貢献として、J・S・ミルのいわゆる「思想の自由市場」論を挙げることができます。ミルは社会全体の幸福を増大させるためには、思想の自由や表現の自由が認められなければならないと考えました（ミル 二〇二〇、第二章）。地動説に限らず、今日の異端が明日の正統にならないとも限りません。そしてそのような紆余曲折を経た「真理」の発見により、今日の人類の幸福があります。したがって、自由な討論を禁ずることは、人類の幸福を増大する可能性を閉ざしてしまうことにもなりかねません。ベンサムから引き継いだこうした功利主義的な観点から、ミルは思想の自由や表現の自由を擁護します。

図2-11　J・S・ミル

自由な競争が公益につながる。スミスが経済に関して示したこのような見解を、ミルは思想という領域に転用しました。こうした発想は後の自由主義思想史にも繰り返し登場することになり、そして現代の私たちの考え方にも影響を及ぼしています。

†スペンサーの社会進化論

自由な競争はたしかに大事です。それは制約されることを嫌う個人にとってだけでなく、社会全体にとっても利益となることが多々あります。しかしながら、自由な競争は万能ではありません。スミス自身が「神の見えざる手」という表現を一度も使っていないことはもはやよく知られていますが、自由競争にすべてを任せ、人間社会の行く末を自然の成り行きに一任するのであれば、それは弱肉強食の動物の世界と変わらなくなってしまいます。

ですが一方で、一九世紀後半のイギリスにおいては、人間と動物を連続的なものとして捉える思想潮流も勢いをつけ始めていました。生物学者のチャールズ・ダーウィン（一八〇九―八二）が一八五九年に『種の起源』を発表し、人間を含むすべての生物が共通の祖先を有するとする進化論を提唱すると、一大センセーションが巻き起こりました。神が人間を他の動物とは区別された特別な存在として創造したと考えるキリスト教を中心とする宗教勢力の中には、今日でもダーウィンのこうした考えを非難する人びとがいます。

そしてこのような自然科学理論は、社会科学の領域にも適用されていきます。その例として特に有名なのが、自由主義者の中でも保守的な陣営に属するハーバート・スペンサー（一八二〇―一九〇三）という社会思想家でした。

一九世紀後半という時代は、ウィッグの流れをくむ自由党にとっては内部変革を迫られた時代でした。というのも、先述の第二回選挙法改正（一八六七年）とその後の第三回選挙法改正（一八八四年）により、選挙権は労働者階級を含む国民の大部分（ただし女性を除く）にまで拡大していたため、貴族を支持基盤としてきた保守党と、資本家階級を支持基盤としてきた自由党は、この新たに政治に加えられた階級の票を奪い合うことになったからです。

意外に思われるかもしれませんが、この時期に労働者保護立法を積極的に推し進めたのは、実は自由党（ウィッグ）ではなく保守党（トーリー）でした（梅澤 二〇二〇、三六―七頁参照）。というのも、貧民を救うことは高貴なる者の社会的使命であるという観念が広く共有されていたからです。このような観念を「ノブレス・オブリージュ」といいます。そしてこのノブレス・オブリージュに基づき実施された、労働者に対してパターナリスティックな一連の政策のことを「トーリー・デモクラシー」と呼びます。

このような戦略で労働者階級の支持を集めていた保守党に危機感を抱いた自由党陣営は、

第5章でも見るように、社会主義を部分的に採り入れ始めました。T・H・グリーン（一八三六―八二）やL・T・ホブハウス（一八六四―一九二九）といった自由主義思想家たちは、市場経済に対する国家介入が個人の自由と両立しうるどころか、それを補完する役割を果たすことを力説しました。社会主義はもはや不可抗的な時代の流れとなっていたのです。

こうした新しい潮流にスペンサーは必死で抗いました。彼は自由党の内部にも生じていたこの流れを「新しいトーリー主義」と呼び、それをジョン・ロックやアダム・スミス以来の自由主義的な伝統からの逸脱として激しく非難しました。社会主義を採り入れた自由主義はもはや真の「自由主義」とは呼べないというのです（スペンサー 二〇一七、二五〇頁以下）。

このとき彼が依拠したのがダーウィンの唱えた進化論でした。ダーウィンによれば、環境に適応できない劣った個体は自然により淘汰され、環境に適応できた個体だけが子孫を残すことが許されたからこそ、人間という種は今日に至るまで生きながらえ、そして進化してきました。このような考え方のことを「自然選択」説といいます。

そしてスペンサーは、こうしたことは人間社会の内部にも当てはまると言います。まさに新救貧法の根底にあるヴィクトリアニズムがそう考えたように、社会的環境に適応できない道徳的に劣った人間は淘汰されるべきであり、貧者が餓死することは自然の成り行きである。そのような摂理を無視して困窮者を救ってしまうことは、自然の法則を歪めて社会の進化を沈滞させてしまう。このような理論をスペンサーは「適者生存」と名づけ、アダム・スミス流の経済的自由主義をさらに極端なところまで推し進めました。

†「自然」の領域の変遷

ところが構想に数十年を要したと言われるスペンサーの主張は、この著作が出版された一八八四年のイギリスにおいてはもはや時代遅れのものとなっており、どちらかというと彼の理論はむしろアメリカに渡って後の「リバタリアニズム」という思想潮流の形成に多大な影響を及ぼすことになります（佐々木 一九九五、三三二頁）。

これまで見てきたように、自由主義とは基本的に、人間活動の何らかの領域に「自然《ピュシス》」を見いだし、それを「人為《ノモス》」（ないしは為政者の恣意的な権力行使）による侵害から守ろうとする思想として発達してきました。しかし、その「自然《ピュシス》」を守るためには何らかの「人為《ノモス》」を必要とします。だからこそ自由主義はアナーキズムのように「政治」という営為を完全に免れることはできません。その意味で、それはやはりまぎれもない「政治」思想なのです。

問題はその「自然」をどこに設定するかです。それは近代以前の時代には、例えばヘレニズム思想においては政治から隠退した内面的な哲学の世界で追求されるべきものでしたし、またアウグスティヌスにおいては宗教（神の国）の領域が、汚らわしい政治（地の国）との関係を遮断されていました。

自由主義思想の始祖と目されるロックにおいては、政治による侵害から守られるべき自然の領域（自然権）は形而上学的な自然法によって定められており、それは神の意図を読み取ることができる人間の理性という能力を介して明らかにされうるものでした。

しかし、このような自然法思想が持つ破壊的含意を避けようとしたヒュームは、現世を超越した天上の世界に「自然」を求めることをやめ、むしろ現行の伝統の中に「自然」を見いだすことになります。要するに彼は、歴史の中で繰り返される「人為」が人間にとって徐々に「自然」なものとなっていき、内面的な規範とみなされるに至るプロセスに着目したのです。このように長い時間をかけて醸成された「自然化した人為」としての文明社会こそが、もはや自然と人為がそれほどクリアカットに区別できないものだと考えるヒュームの醒めた懐疑主義が発見した「自然」の領域でした。その意味で、いまや「自然」は哲学ではなく歴史に根を下ろすことになりました。

次のスミスは、歴史の中で発達してきた物々交換のシステムとしての自由市場経済に「自然」の領域を見いだし、その下での個人の自由な競争が公益につながると考えました。

また初期のベンサムは、適切に設定され公開された法体系の下で個人が快楽と苦痛を計算して動くことにより、社会全体の幸福はおのずと増大すると考えました。さらにJ・S・ミルは自由競争の舞台を思想の領域にまで押し広げ、自由闊達《かったつ》な議論が真理の発見につながることを説きました。

†進歩に対する楽観

こうした流れの中で、スペンサーが自然界における種の生存競争のアナロジーによって社会を捉えたことは、まさに自然の成り行きでした。しかし彼のような極端で無慈悲な考えは、少なくとも今日のネオリベラリズムの台頭により息を吹き返すまでは、自由主義思想の「主流」ではありませんでした。むしろスミスが市場経済を「自然」の領域として設定したことが、かえって「政治」が人為的に統御すべき対象としての「自然」の中に市場経済を含めることにつながり、逆説的に社会主義の道を開くことになったと言えます。

第5章でみるように、二〇世紀以降、自由主義は福祉国家論とネオリベラリズムという二つの道に分岐していきますが、スペンサー流の社会進化論は、「自己責任」という言葉の流行にも窺えるように、今日においても依然として多くの人びとの心を捉えています。狭義の経済的自由主義に限らず、「人間社会はこれから先も放っておけば進歩していく

（よくなっていく）だろう」という漠然とした楽観主義は、スペンサーの議論を参照するまでもなく、多くの人びとが抱いている自然的感情です。

さらに進化論に依拠してこのような楽観主義に理論的基礎を提供しようとする学問的な試みは、二一世紀に入った現在においても見られます（ピンカー 二〇一九、上、二八頁）。彼らは「自信を持て！ 人類は進歩しているし、これからも進歩していくだろう」としきりに訴えかけていますが、この訴えは果たしていま現在の困窮者にとって慰めになるものでしょうか。

これはなにも道徳的な問題ではありません。環境と貧困の相関関係だけでなく、貧困と犯罪率の相関関係は、もはや科学的に立証された結論としてのみならず、日常生活における実感として広く共有されています。犯罪率の増加は当然社会全体の秩序を脅かします。秩序は政治の主要な目的であり、したがって貧困問題は政治問題なのです。

「貧乏な人の中にも頑張って真面目に生きている人もいる」という道徳論を説くだけでこうした問題が解決するのであれば、政治学は要りません。そうでないからこそ政治学が必要となります。同様に、社会の自然的発展を説く人びとにとっても政治学は必要ないでしょう。なぜなら彼らにとってはすべてが「自然の成り行き」なのですから。放っておけば貧困問題はいずれ勝手に解決されるでしょうし、彼らはそれを優雅に待っていればよいわけです。

しかしながら、政治学はこのようには考えません。それはすべてを「自然の成り行き」として、抗いがたい「運命」として受け入れるということをしません。なぜならそれは自然《ピュシス》に対して一方的に従属するのではなく、人為《ノモス》によって自らの運命を切り開いていく存在としての人間観を基礎にしているからです。したがって、現代を代表する政治学者が右のような楽観主義者の見解を斥けるのも無理からぬことでしょう（Gamble 2019, 103-104）。

ここまで貧困問題を一例に挙げて、かなり極端なところまで話を推し進めてみましたが、自由主義思想にはこのように「放任」の契機が胚胎しています。その意味で、ネオリベラリズムもまた立派な「自由主義」なのです。そして自由主義と民主主義の混合物であるリベラル・デモクラシーに「政治的無関心」の問題がつきまとうのも、このような契機が要因になっていると考えられます。このことについては次章で検討しましょう。

5　リベラリズムの現在

†権力の制限という諸刃の剣

　これまで辿ってきたリベラリズムの歴史の延長で、現代のリベラリズムが抱える諸問題と、にもかかわらずそれが今日有している重大な意義について検討したいと思います。

　前章で見たように、同時代に生きる人びとの多数派の意見に民主主義の基盤があるとすれば、自由主義の基盤は、これまでの歴史の中に生きてきた人びとの教訓の蓄積、さらにはそれを超えた（例えば「自然法」という）普遍的な規範にありました。ヒュームのように現行秩序の保全が課題となる場合は前者に依拠し、ロックのように現行秩序の改変が課題となる場合は後者に依拠することになりますが、いずれにせよ、その瞬間瞬間の民衆の意見を重視する民主主義と比べると、自由主義はより長いスパンにおける価値観（歴史的伝統か永続的規範か）を重視する政治思想だと言えます。

　その自由主義が歴史から引き出す重要な教訓の中に、「権力は腐敗する傾向にあり、絶対的な権力は絶対的に腐敗する」というものがあります。これはウィッグの歴史家であるアクトン卿（一八三四―一九〇二）の残した格言ですが、風通しの悪いところに置いておくと腐敗するのは生ものだけではありません。聖人君子でない限りは、権力の座に就く者にはどうしても権力濫用の誘惑がつきまとうのであり、そして権力者に聖人君子であることを期待するのはあまりにもナイーヴである、というのが人類の長い歴史から自由主義が引き出した教訓でした。

したがって自由主義は、「治者と被治者の不一致」という事実を前提とします。これとは反対に、民主主義においては、「治者と被治者の同一性」が理念となっていました。つまり「自分が従う法律を自分でつくる」という自治の理念が、古代ギリシア以来の伝統的な「政治」概念に依拠する民主主義の根幹となってきたわけです。しかしながら近代国民国家の規模と複雑性に鑑みると、民衆が民会のような場に直接集い自分自身の意見を表明するのはとても難しいことです。だからこそカリスマ的な人物を父のように慕い、その人物に全面的にコミットして自己を同一化し判断を丸投げしてしまう危険が民主主義には常に伴います。

しかしながら、実は自由主義もこうした危険と無縁ではありません。というのも、「自分自身で判断を下す」という古代以来の民主主義の理念の喪失が後見人による独裁に行き着くのと同じように、自由主義にも形骸化の問題がつきまとうからです。

これまで見てきたように、自由主義は政治を「必要悪」と捉え、権力が制限されればされるほど個人の自由も拡大すると考える傾向があります。その権力濫用を防ぐ手段として、それは憲法や議会という装置を発展させてきました。

しかしここに落とし穴があります。権力を制限するためには、まず権力者が誰であるかを同定する必要があります。そしてロックの時代においては国王が権力者であり、彼を憲法で縛ったり議会が監視したりしていたように、現代においてはいわゆる「政治家」が権力者である一方で、それ以外の国民は政治責任を免れた純真無垢な存在とみなされがちです。当事者意識の欠如から来る国民の政治的無関心も、自由主義のこうした側面に伴う弊害であると言えます。また、政治責任を負うことの心理的負担から逃れたいと願う人間の要請に応えるものとしても、治者と被治者をはっきりと分ける自由主義のこのような性質は、広く受け入れられるポテンシャルを持っています。

さらに自由主義から立憲主義や議会主義などの根幹部分が抜け落ちてしまうと、自由主義そのものが有する「権力の制限」という本来の目的の達成が著しく困難となります。実際、憲法や議会といった装置を欠いており、「政治からの逃避」という価値観だけがストア哲学者やキリスト教徒によって受け入れられていた帝政ローマにおいては、この価値が守られるか否かは時の皇帝の人格次第でした。しかしながら、皇帝の善意にすべてを委ねるというのは、言ってみれば「雨乞い」のようなものです。立憲主義や議会主義、あるいは民主主義をまったく欠いた自由主義は、政治を人為《ノモス》の及ばない自然《ピュシス》の領域へと追いやってしまいます。こうした状況で臣民にできることといえば、ただ自分たちの自由や生命が侵害されないように「祈る」ことくらいのものでしょう。

自由主義の陥穽

政治権力に対する不断の警戒という自由主義の根幹部分にある精神が失われることで、自由主義もまた形骸化と自壊の危機に立たされています。日本国憲法の改正をめぐる議論はそのことを分かりやすく象徴しています。政治家の権力の限界を定める装置が、当の政治家によって手を加えられようとしています。

「政治不信」が叫ばれる一方で、改憲論は政治家に対する不思議なほど強い信頼に裏打ちされています。なぜなら現在の政治家は、自分自身のことを縛る憲法を自分自身でつくり変えることができるほど自己抑制の利いた殊勝な存在だと信じられているからです。憲法は統治者の権力の限界を定めるという意味で自由主義的な理念に基づく装置です。その憲法が日本ではいまや魂の抜け殻となりつつあります。

とはいえ、日本国憲法が人類の普遍的価値を余すところなく保障していると断言することは困難です。なぜなら日本国憲法もまた、有限な存在であるところの「人間」による所産だからです。

たしかに憲法を含む国制（constitution）にはこれまで存在してきた先人たちの膨大な知恵が含まれているかもしれませんが、その先人たちも神ではなく人間です。歴史上長く続いてきた制度には一定の合理性が存する、という考えは一理ありますが、その伝統が「因襲」である可能性も否めません。だからこそ、「伝統を点検する」といった作業もまた必要となります。そして民主主義が自由主義によって制御される必要があるのと同じように、自由主義も民主主義などの他の政治思想によって補完される必要があるのです。

そこで次章ではいよいよ民主主義と自由主義の相互補完としてのリベラル・デモクラシーという政治原理を見ていくことになります。

第 3 章

リベラル・デモクラシー
――歴史の終着点か

「ベルリンの壁」の崩壊(写真:アフロ)

これまで第1章、第2章と、現代日本の政治を構成する二つの主要な要素（民主主義と自由主義）について見てきました。本章では、その複合体としてのリベラル・デモクラシーについて見ていきましょう。

リベラル・デモクラシー（liberal democracy）という英語は、「自由民主主義」や「自由主義的民主主義」という日本語に訳されることがありますが、この語を日本語に置き換えて使うことはあまり一般的でないばかりでなく、特に「自由民主主義」としたときにそれを構成する「自由主義」の要素が見逃されがちのように思われるので、本書ではあえて「リベラル・デモクラシー」というカタカナ語のまま使うことにします。

日本だけでなく、今日「先進国」と呼ばれている多くの国々では、この「リベラル・デモクラシー」という政治・社会システムが採用されています。また制度面だけでなく、理念の面においても、この自由主義と民主主義の組み合わせが、善き統治のための必要最低限の条件として考えられています。

ただし、ではリベラル・デモクラシーが広く信奉され、採用されている今日においては、政治や社会に関する根本的な問題はすべて解決済みなのかといえば、必ずしもそうとは言えません。それどころか、現在深刻化している政治・社会問題の中には、この民主主義と自由主義の組み合わせに起因すると考えられるものすらあります。

そこで本章では、このリベラル・デモクラシーという政治思想がどのように生まれ、どのような意義を持ち、そしてどのような問題をはらんでいるのかについて考えていきましょう。そのうえで、この現在広く採用されているリベラル・デモクラシーという制度をさらに改善していくためにはどのような政治思想が必要なのかを考える次章以降の内容につなげていきたいと思います。

1　民主主義と自由主義の交錯

†J・S・ミルの危害原理

これまで見てきたように、民主主義と自由主義はそれぞれ別個の政治思想として発展してきたわけですが、両者は特にイギリスにおいては一九世紀の半ば頃に思想の上で合流を果たすことになります。この二つの政治思想の交錯を見るうえできわめて重要な思想家と言えるのが、第2章にも出てきたJ・S・ミルです。

イギリス二大政党制の草創期にあって、ミルはウィッグでもトーリーでもなく、「ラディカル」と呼ばれる第三の立場に属していました。したがってミルは、ウィッグの思想家たちのように来たる民主主義の波に抵抗するよりは、むしろそれを歓迎する道を選びました。その主張は男子普通選挙にとどまらず、彼が議会で初めて女性参政権を要求した議員となったことはよく知られています。

そんなミルですが、彼もまた決して民主主義を手放しで称賛したわけではありませんでした。むしろ民主主義を善き統治の必要不可欠な条件と考えていたからこそ、それが暴政へと陥ってしまわないように、苦心してさまざまな対策を考案しました。

なかでもミルは、第1章に登場したトクヴィルと同じように、民主主義が「多数者の専制」へと行き着いてしまうことを懸念していました（ミル 二〇二〇、一七頁以下）。功利主義者ミルが目標に据える社会全体の幸福の増大のためには、社会でさまざまな実験が行われなければなりません。おのおのの個人が自らの個性を伸ばし、多様性が尊重される社会が功利主義的な観点から望ましいとミルは言います（同、第三章）。社会全体にとって利益になるアイディアが少数意見から生まれることも大いにあるのです。

しかしながら、社会における多数派の凡庸な意見が少数派の新奇な主張を駆逐してしまうということは往々にしてあります。つまり民主主義的な決定は、社会全体の幸福を増大させるとは限らないのです。したがってミルは、多数派が有益な少数意見を抑圧してしまわないように、民主主義にも超えてはならない一線を引く必要があると考えました。
その一線が彼の提唱する「危害原理」です（同、二七頁以下）。ミルは人間個人の諸行為を、「自分自身にのみ関係する行為」と「他人にも関係する行為」とに分けます。そして後者は制限の対象となりうるとする一方で、前者には無制限の自由を認めるべきであるとしました。つまり他人に迷惑をかけない限りは、各人が自分の好きなように行為する余地を認めるべきであると考えたのです。

この危害原理に問題がないわけではありません。例えばボザンケは、序章でも触れたように、社会の中で生きる限りは他人にまったく影響を与えずに生きることは不可能であるとし、ミルが提唱するような行為の二分法を否定しました。その意味では、「自分自身にのみ関係する行為」と「他人にも関係する行為」との間に引かれる境界線の位置は、観察者の主観や時代や文化などに規定されたものとならざるをえません。

にもかかわらずミルの危害原理が重要なのは、それが自由主義の観点から民主主義に制約を課したものだからです。民主主義は、「自分たちの生き方を自分たちで決める」という古来の自由を実現するためには必要不可欠です。しかしながら、それは個人の生命や幸福といった自由主義的な諸価値を侵害するポテンシャルを秘めています。

民主主義が抑圧しうるのは、少数派の意見だけではありません。後に見るように、それは少数派の生命を奪う道具にもなりえます。基本的人権の尊重が民主主義にも侵しえない憲法という聖域で保障されているのは、まさにこのように「民主主義の暴走を自由主義が予防する」という発想に基づいています。そしてこのように民主主義の奔流が逸脱せずに善き統治という目的地へと向かっていくように、その水路の外壁となっているのが自由主義であり、両者の組み合わせをリベラル・デモクラシーと呼ぶわけです。

一九世紀から二〇世紀に至るまでの数回にわたる選挙法改正を通じて、イギリスにおいては普通選挙制度という民主主義的なシステムが整えられていきました。さらに名誉革命までさかのぼって考えると、イギリスの主権者は君主から貴族へ、そして民衆へと漸進的に移行していったわけです。しかし権力が民衆に移ったからといって、権力の制限が不要になるわけではない。権力の主体が誰であれ、権力の濫用に対しては警戒を解くわけにはいかない。リベラル・デモクラシーという政治・社会システムの根底にはこうした発想があるのです。

†ワイマール憲法の穴

今日の日本においては自由主義と民主主義が当たり前のように手を携えており、まるで両者は不可分であるかのように思えるかもしれません。しかしながら、すでに見てきたように、両者の出自はそれぞれ異なるものであり、それゆえその結びつきはそれほど強固なものとは言えません。リベラル・デモクラシーが制度として定着したのは、世界的に見てもせいぜいここ一〇〇年余りのことなのです。

そしてリベラル・デモクラシーが根を張ったかのように思える現在の世界においても、自由主義と民主主義は絶えず分裂の危機にさらされています。自由主義的な諸価値の破壊を企てるようなポピュリズムはその典型ですが、実はすでにいまから一〇〇年ほど前に、両者を決裂に追いやろうとする思想的試みがなされていました。それこそがナチス・ドイツというあまりにも有名な歴史的事例です。

ナチス・ドイツの成立以前、ドイツには「ワイマール共和国」という国がありました。一九一九年に建国されたこの国は、当時としては最も先進的な憲法として、現代日本の中等教育でも広く教えられているワイマール憲法を有していました。社会権を初めて認めたことでも知られるこの憲法は、しかしながら、複雑な政治的背景から生まれた「妥協の産物」でもありました（シュタフ&ミュラー 一九八九、一三頁以下）。

ワイマール共和国建国の中心となった穏健派社会主義政党であるドイツ社会民主党（SPD）は、より徹底した革命を望む急進派勢力の要求を抑え込む必要がありました。そこでSPDは、軍部を中心とする保守勢力と結託することで、急進派を力で抑えることに成功します。このような背景から、新憲法はSPDと保守派の双方の思惑が入り混じるちぐはぐなものとなったのです。

ここで特に注目したいのは、第四八条のいわゆる「緊急事態条項」です。この条項においては、大統領が「現在のドイツは例外状態にある」と判断した場合、憲法で保障された国民の基本権を一部停止することができると定められていました。大統領の強大な権限を志向する保守派の要求によって盛り込まれたこの条項は、ワイマール憲法にとってはまさしく船底に開いた穴でした。本来政治指導者を縛る装置として機能すべき憲法の鍵を、政治指導者自身が握っていたのがこのワイマール共和国という国だったのです。

†シュミットの議会主義批判

このワイマール憲法の穴を利用して、ワイマール共和国を徹底的に破壊しようとしたのが、「ナチス・ドイツの御用学者」と言われることの多い憲法学者のカール・シュミット（一八八八―一九八五）でした。シュミットのねらいは、自由主義と民主主義を截然《せつぜん》と区別したうえで、前者を廃棄し後者を保護することにありました。ここではまずシュミットが自由主義をどう批判したのかを見ていきましょう。

シュミットはまず一九二三年に公刊された『現代議会主義の精神史的状況』の中で、すでにワイマール共和国の議会が機能不全に陥っていることを指摘しています。彼によれば、議会主義は公開性と討論という二つの原理によって基礎づけられるものですが、当時のワイマール議会の状況は、このどちらの精神的基盤も喪失してしまっているといいます（シュミット 二〇一五、五九—六二頁）。議会主義や立憲主義など、いくつかの要素によって構成される自由主義は、基本的には「権力の制限」を通じて個人の自由の保障を目指します。例えば自由主義の祖であるジョン・ロックは、議会における公の討論によって、国王による権力の濫用を阻止しようとしました。またJ・S・ミルは、広く討論が行われることにより、社会全体の幸福が増大するという信念を持っていました。

しかしながら、政党が乱立していた当時のワイマール議会は、シュミットの目からすると、真理を追究し切磋琢磨する「思想の自由市場」というよりは、単なる政党間の利害調整の場に成り下がっていました。また、重要な政治的決定に関しても、議会という公開の場で話し合われたうえで下されるのではなく、政党の幹部や大企業の経営者といった少数者が裏で勝手に取り決めてしまっていると言います。このようにシュミットは、当時のドイ

図3-1　カール・シュミット

ツにおいては、自由主義の「制度」は残っているものの「精神」は失われてしまい、自由主義が形骸化してしまったことを指摘します。

ここで取りうる選択肢は二つあるように思われます。一つはもう一度自由主義の精神を取り戻そうとする道です。自由主義の制度がかろうじて残っているのであれば、かつてソクラテスが市民との対話を通じてノモスの哲学的基礎づけを目指したように、自由主義の重要性を再確認し、それに息を吹き込み直すことも可能でしょう。

しかしながら、シュミットはこれとは別のもう一つの道をとることになります。すなわち、魂の抜け殻と化した自由主義はもはや用済みとし、葬り去ってしまうという道です。

†喝采と民主主義

シュミットは議会の機能不全に典型的に見られるようなリベラル・デモクラシーの危機に際して、その自由主義的側面を切り捨てることにより民主主義の延命を図ります。

ではシュミットは自由主義とは明確に区別された民主主義をどのようなものとして捉えていたのでしょうか。ここで私たちは、第1章で見たルソーの現在主義からニーチェの刹那主義に至る民主主義思想史の「続き」を目撃することになります。

シュミットによれば、民主主義の理念から見たときに、当時ワイマール共和国で採用されていた「比例代表制」という選挙制度はふさわしくありません。比例代表制においては有権者が政党を選び、そしてその政党が議員になるべき人物を選びます。また、当時同じくワイマール共和国で採用されていた議院内閣制をあわせて考えると、そこからさらに議員が議会で首相を選ぶことになるので、結果として有権者と政治指導者（首相）との人格的なつながりが希薄になってしまうとシュミットは言います（シュミット 二〇〇〇、三三―四頁）。

したがって民意をより直接的に代表しているのは、間接的なプロセスによって選ばれる首相ではなく、直接公選制で選出される大統領であるというのです。このようにシュミットは、直接民主政とは異なる現代民主主義においては、代表する者と代表される者との「人格的なつながり」の強固さが民主主義の達成度合いを測る指標になると考えていました。

しかし、ここで終わってしまえば彼は単なる大統領制や首相公選制の擁護者ということで終わるでしょう。ですが彼の議論はここからさらに進んでいきます。彼は、大統領は選挙ではなく「喝采《アクラマチオ》」によって支えられるべきだと言うのです（シュミット 二〇一五、一五三―四頁）。

なるほどシュミットの基準に則して考えると、たしかに「選挙」という方法は、一見有権者の人格との直接的なつながりを担保しているように見えて、そうとも言い切れない部分があります。というのも、大統領が代表すべき民意とは、人民全体がいま現在抱いている意見であるわけですが、昨日の選挙で選ばれた大統領が代表しているのは、あくまでも昨日の民意にすぎないからです。このように選挙というものは、必ずしもその瞬間瞬間の民意を正確かつ瞬時に反映するものとは言えません。

それに対して「喝采」という手段は、その瞬間の民意をより直接的に表現することができます。喝采によって担がれた大統領は、民衆の拍手と歓声が鳴り止んだその瞬間に、民主主義的正当性を失うことになります。このように喝采という指標は、そのときそのときの民衆の気分により敏感に反応するものであると言えます。

このような議論の行き着く先には当然ワイマール憲法第四八条が定める非常大権の行使を通じた選挙制度自体の停止と独裁の確立があるわけですが、この「喝采」という一見古めかしい装置が完全に過去の遺物となったかといえば、そうではないように思われます。

現代においても選挙とは別に、「支持率」という指標が用意されています。定期的な選挙の結果が、前任期中におけるその政治家や政党の業績に対する民衆の総合的な判断を反映しているとすれば、支持率はそのときそのときの民衆の、政治家や政党に対する印象を瞬時に反映することができます。

それが良いことか悪いことかは措いておくとして、政治家が支持率の動向に一喜一憂することは、「民主主義」が健全に機能している証拠と言えるかもしれません。シュミットの議論を踏まえたうえで、支持率という装置が持つ可能性と限界を慎重に見極めていく必要がありそうです。

†〈等価性の世界〉における決断主義

さて、シュミットは以上のような議論をもとに、大統領による独裁と民主主義が矛盾しないことを論証しようとしました。今日の一般的な感覚と同様に、シュミットの生きた時代においても、独裁と民主主義は相容れないものと考えられていました。本書の議論からも、独裁的な体制においては民意を政治に反映するための合法的な手段（例えば選挙）が用意されていないため、両者は相矛盾した言葉なのですが、シュミットは、こうした一般的な見解に真っ向から反論します。

そのためにこそ、シュミットは自由主義と民主主義とを何としてでも切り離す必要がありました。というのも自由主義とは、権力の制限を主眼とする政治思想だからです。対して民主主義という政治思想は、それ自体の中に「権力の制限」という原理を含んでいません。したがって為政者が民意を十分代表してさえいれば、必ずしも為政者の権力が制限される必要はありません。だからこそ彼は、独裁と民主主義は本来矛盾する言葉ではないと言うのです（同、三二頁）。

なぜシュミットはこれほどまでに「独裁」という政治形態にこだわったのでしょうか。このことを考えるにあたってヒントになるのが、〈等価性の世界〉という概念です。この概念を提唱した現代ドイツ思想史研究者の蔭山宏《かげやまひろし》によれば、〈等価性の世界〉とは、あらゆるものが等価とされ、それゆえに「価値」というものそれ自体が成立しえない世界を指します（蔭山 一九八六、九〇頁。蔭山 二〇二〇、九六頁）。

民主主義においては、政治に精通した人間が投ずる票も、政治に疎いどころか関心すら持たない人間が投ずる票も、等しく一票として数えられます。これはなにも票の数え方に限らず、政治以外の事象に関しても、誰が評価するかよりもどれだけ多くの人間が評価するか、つまり質よりも量が重視されるのが民主主義社会の特徴であることは、すでにトクヴィルの民主主義論で見た通りです。すべてのものが同等の価値を有するからこそ、何に取り立てて価値があるということも言えない。そのような〈等価性の世界〉が、まさにシュミットの生きた二〇世紀初頭のドイツにおいては成立していたと蔭山は指摘します。

さて、しかしながら、政治の世界においては「みんな違ってみんないい」で終わらせるわけにはいきません。政治共同体の秩序を保っていくためには、要所要所で何らかの決然とした政治的判断を下していく必要があります。量が物を言う世界とはいえ、先陣を切って判断を下す者がいなければ、判断そのものが生まれません。つまりこの〈等価性の世界〉においては、単なる量と化した民衆を導くカリスマ的な人物が必要となるのです。

こうした世界においては、決断の内容がどうであるかよりも、まずは決断することそれ自体が重視されることになります。このような態度のことを「決断主義」と言いますが、シュミットはまさにこの決断主義的な観点から、話し合いを重視するために迅速な決断を下すことのできない当時のワイマール議会を批判し、代わりに強力な権限を持つ大統領が決断を下して民衆を導いていく必要があると考えたわけです。

しかし、ではどのような決断が重視されうるのか、言い換えれば、誰が民衆を導くカリスマとなるのかは、単なる偶然によって決まることになります。シュミットの批判者であるカール・レーヴィット（一八九七―一九七三）は、シュミットの政治思想に胚胎するこのような傾向を、ロマン主義的な「機会原因論」であると評しています（ロマン主義については第4章で詳述します）。つまり、結局のところ、誰に「父」のような存在を見いだし、自分に代わって判断を下してくれる「後見人」を見いだすかということは、民衆の気まぐれのような偶発的な要因によって決定されるというのです。

そうであればこそ、誰にでもヒーローやヒロインになるチャンスはあるのであり、またメディアや広告代理店が印象操作を通じてヒーローやヒロインを創り出す余地もあります（ホルクハイマー&アドルノ、二〇〇七参照）。どんな粗悪品であってもプレゼンの仕方によっては大ヒット商品となりうるのが、この〈等価性の世界〉です。そのような一発逆転のチャンスが残されているからこそ、民衆の中から出てきた（ように見える）カリスマによって先導される民主主義という政治形態は、いまでも広く支持を得ているのです。

こうした特徴を持つ民主主義と、人類の経験の蓄積に依拠する自由主義とは本来的に相性の悪いものです。これまで見てきたように、民主主義はその不安定性ゆえに、民衆が自らに代わって判断を下してくれる後見人を探し出し、独裁に移行して安定を得ようとする傾向を持ちます。民主主義のこうした自壊傾向に歯止めをかけるのが自由主義です。

例えば日本国憲法の三大原則の中に「国民主権」というものがありますが、一国の政治を「民主主義」によって行っていくことを定めているのは、実は民主主義それ自体ではなく、自由主義の中の立憲主義という要素なのです。というのも日本には、特定の人格に後見人や父のような存在を見いだし、そのために国民が命を投げ出すことになった痛ましい歴史的経験があるからです。民主主義とはそうした歴史的反省から選びとられた一つの装置であると言えます。

選挙に基づく民主主義を捨て独裁に移行したナチス・ドイツの結末についてはいまさら

語るまでもないでしょう。シュミットの志向した「リベラリズムなきデモクラシー」は、いまでも人類史に残る歴史的な教訓となっています。民主主義が暴政に陥ることなく、善き統治へとつながるようにするためには、自由主義と組み合わされることが欠かせない。その歴史的反省を踏まえて、今日多くの国家では「リベラル・デモクラシー」という政治・社会システムが採用されています。

2 リベラル・デモクラシーの隘路

†「歴史の終わり」？

さて、以上のような歴史的試練を経て、リベラル・デモクラシーという政治・社会システムはいまやグローバル・スタンダードになりつつあります。このリベラル・デモクラシーが制度的・思想的な覇権を握るうえで、特に決定的な出来事となったのが冷戦の終結でした。

一九九二年、前年のソ連崩壊を受けて、アメリカの政治学者フランシス・フクヤマは『歴史の終わり』と題する書物を発表しました。フクヤマによれば、ファシズムや共産主義という最後の敵を打ち倒したいま、西側陣営のリベラル・デモクラシーは自らが人類史上最良の政治・社会システムであることを証明したといいます。

そしてこれからの世界においては、新しい政治・社会システムの構想をめぐるイデオロギー的な対立もこれ以上起こりえず、あらゆる問題はリベラル・デモクラシーというシステムの枠内で解決されていくことになる。その意味で、かつて理想の政治・社会システムをめぐる熾烈な争いによって紡がれてきた歴史は、リベラル・デモクラシーの最終的な勝利によって幕を閉じた。フクヤマはこう宣言したのです。

同書の中でフクヤマは、東側陣営の共産主義が崩壊したことの要因を、それが共産主義にふさわしい人間を創り出すことに失敗したという事実に見いだしています（フクヤマ 二〇〇五、上、八六頁）。なるほど共産主義社会の理想とする人間像が、自らの私的利益を顧みず、社会全体のために身を粉にして働く個人であるとすれば、それはたしかに絵に描いた餅のように思えます。

しかし、ではこの批判を西側陣営のリベラル・デモクラシーにも適用してみるとどうでしょうか。民主主義は、個人個人が当然のように政治に関心を持ち、自分自身の確固たる政治的意見を持ったうえで、政治に積極的に参加することを少なくとも理念の上では想定しています。また自由主義は、民主主義的決定によってすら覆すことのできない普遍的ないし伝統的規範が存在することを踏まえたうえで、その〈大枠〉となる規範の下で各人が互いの自由と権利を尊重し合うことを前提としています。

周知の通り、リベラル・デモクラシーが理想とするこのような人間像は、現在のところ十全に実現しているとは言いがたい状況です。民衆の間には政治的無関心が蔓延する一方で、排外主義的ナショナリズム感情をうまく利用したポピュリズム政党が勢力を伸長しつつあり、またその下で憲法という根本規範が蔑ろにされ始めています。その意味で、リベラル・デモクラシーもまた、理想的な人間の創出に失敗しているのです。フクヤマのテーゼが妥当するのであれば、リベラル・デモクラシーを採用している国々もいずれは崩壊する運命にあるということになるでしょう。

しかし、私たち人間は運命に一方的に振り回される存在ではありません。ここで本書と同じくリベラル・デモクラシーを論じたクリックの言葉を見ておきましょう。「非政治化された消費資本主義を熱烈に支持する純粋なリベラル・デモクラシーの体制ですら、かつてのソヴィエト連邦のようなスタイルや今の中国のようなモデルに比べればずっとましであろう。しかし私たちは、純粋なリベラル・デモクラシーよりももっとうまくやることだってできる」(クリック 二〇〇四、二〇五頁)。そうクリックは結論づけています。

リベラル・デモクラシーがいかに人類の歴史的な叡智を結集した作品であったとしても、

それが人間の作品である限りは、完全無欠のものとは決してなりえません。しかし、だからといって、リベラル・デモクラシーを全面的に廃棄してしまう必要もありません。フクヤマの言う通り、歴史の中を勝ち抜いたリベラル・デモクラシーには一定の合理性がありますーーもちろんその合理性の根拠を学問によって点検する必要はありますが。だからこそ、もし世界をより良くすることを欲するのであれば、私たちは現状に満足するのではなく、リベラル・デモクラシーをより高次の段階へと進める必要があります。

民主主義も自由主義も、それぞれの弱点を抱えています。それゆえに両者を結合したリベラル・デモクラシーにも、その弱点に由来する問題はつきまといます。そして弱点を補完していくためには、当然まずその弱点を把握する必要があります。そこで本章の残りでは、リベラル・デモクラシーが抱える弱点について検討していきましょう。

†〈国制〉に対する過信

そもそも、なぜリベラル・デモクラシーは、共産主義と同様に、それ自体に見合った人間の創出に失敗しているのでしょうか。もっと言えば、プラトンが古代民主政に見いだしたような、船上で舵を奪い合う乗客のごとく、政治に対して前のめりな民衆はいったいどこに消えたのでしょうか。その答えの一つを、私たちは民主主義と自由主義という対立的な政治原理の結合に見いだすことができます。

クリックは民主主義と結合することになった自由主義という原理を次のように説明しています。

今日の私たちはともすれば、気が向けば誰にでも積極的に参加する権利があるし、またときには、気分しだいでは参加しない権利もある、しかし国家はそれでもなお私たちの個人的自由を保護する法律を定めてくれるだろう、と考えがちである（これが、学者たちが「自由主義《リベラリズム》」と呼ぶものである）。（クリック 二〇〇四、九頁）

図 3-2　クリック（写真：Alamy/アフロ）

私たちは憲法によって、政治に参加する権利をはじめとする諸権利を保障されています。それは民主主義によってさえ侵すことのできない聖域を設定するためにはもちろん必要なことです。

しかしながら、この統治の〈枠組み〉を設定するという作業それ自体が、統治される者に対して安心感を与え、「権利の上にねむる者」（丸山 一九六二）を生み出す温床になっているのです。クリックはこのようにリベラル・デモクラシーの下で醸成される心情を、「すべてを他人に委ねても大丈夫だという、社会にはびこった大そうな自信」と表現しています。

前章で自由主義を構成する大きな要素の一つとして「立憲主義」について触れました。立憲主義（constitutionalism）の語源であるconstitutionという言葉には、狭義の「憲法」よりも広い、国家や社会の〈枠組み〉という意味がありました。そこで国家の大枠を形づくる制度や仕組みのことを、ここでは特に〈国制〉と呼ぶことにしましょう。結論から言うと、リベラル・デモクラシーの弱点として第一に指摘できるのは、この〈国制〉に対する過信です。

「権力への不信」から生まれた自由主義的な政治・社会システムは、いつの間にか「権力への信頼」によって満たされています。その意味で、シュミットの指摘した議会という装置の精神的形骸化は、自由主義に対するきわめて痛烈な批判でした。たとえシュミットがナチの桂冠学者という汚名を着せられたとしても、彼の自由主義批判の鋭さはいまだに色あせていません。

ある政治理念から発した政治制度が、時代の移り変わりとともにその精神的基盤を喪失してしまうという事態は、いかなる政治制度にも付随する問題です。だからこそ、私たちは政治思想史研究を通じて、自分たちの制度の思想的起源にさかのぼり、制度本来の目的を絶えず確認する必要があります。このような自己点検作業は、魂の抜け殻となってしまった制度が再び生命を取り戻すことにもつながるでしょう。

†公的なものへの冷笑

しかし、リベラル・デモクラシーそれ自体では乗り越えることが難しい問題もあるかもしれません。その一つとして挙げられるのが、「公的なものへの冷笑」という問題です。

政治に関心を持つことが一人前の大人として当たり前のことであり、政治に関心を持たない者が「イディオテース」（役立たず）と呼ばれ蔑まれていた古代アテナイの雰囲気は、今日のそれとかけ離れています。むしろ個を尊重する自由主義を吸収合併した今日の民主主義社会においては、公的なもの（政治）への関心は単なる興味の問題へと格下げされています。

特に日本は一般市民の政治参加に風当たりの強い国です。タレントやスポーツ選手が少しでも現政権を批判しようものなら大変な騒ぎになります。その主体がいわゆる「一般人」であっても事態はそれほど変わりません。デモに対する世論の冷笑的な反応一つを取ってみてもそのことは分かるでしょう。

つまり「公的なものの重視」という価値観は、それとは反対に「私的なものの重視」を旨とする自由主義はもとより、民主主義のほうにも必然的に付随するとは限らないのです。第1章で見たように、民主主義においては、そのときそのときの民衆の関心が重視されます。したがって、政治が民衆の関心の的とはならないところでは、民主主義という制度も形骸化してしまいます。

意外に思われるかもしれませんが、自由放任主義を唱えたアダム・スミスにすらこうした問題意識は見られます。スミスによれば、社会的な分業の進展が市場経済の自律的な発展をもたらしたわけですが、その副産物として、国民の公的なものに対する関心も失われることになりました。日々の単純作業に従事する労働者は、国全体のことを考えることをやめてしまう、とスミスは言います。

こういうわけで、彼〔労働者〕は自然にこうした〔考えるという〕努力をする習慣を失い、たいていは神の創り給うた人間としてなり下れるかぎり愚かになり、無知になる。その精神が麻痺《まひ》してしまうため、理性的な会話を味わったり、その仲間に加わったりすることができなくなるばかりか、寛大で高尚な、あるいはやさしい感情をなに一つ抱くこともできなくなり、結局、私生活のうえでの日常の義務についてさえ、多くの

場合、なにもまともな判断が下せなくなってしまう。(スミス 二〇二〇、第三巻、一七五―六頁。〔 〕内は引用者による補足)

こうして生まれた無知な国民は、デマゴーグのような存在に簡単に籠絡されてしまいます。スミス自身はこのような問題に関して、デマゴーグの台頭を許さないためにも労働者階級の子弟のための初等教育が必要不可欠であると述べています(スミスの「共和主義」的見解に関しては、ハーシュマン 二〇一四、一〇五―七頁参照)。

スミスの提言するような政治リテラシーの涵養を目的とする教育のことを、今日の世界では「シティズンシップ教育」と呼びます。このシティズンシップ教育という発想は、民主主義でも自由主義でもなく、「共和主義」という別の思想史的伝統の中に位置づけられるものです。そこで次章では、リベラル・デモクラシーの精神喪失という問題を克服するための手がかりを、この共和主義という政治思想の伝統の中に探っていきましょう。

第 4 章

共和主義
——誰もが「市民」になれるか

《カエサルの死》（カムッチーニ画）

前章では、現在世界で広く受け入れられ、制度としても採用されているリベラル・デモクラシーの思想的側面について、その強みと弱みの両面に光を当てて検討しました。一方でリベラル・デモクラシーの片面である民主主義は、単独では暴政に陥る危険がありました。だからこそそれは自由主義という箍《たが》を必要としたのです。

しかし他方で自由主義のほうも、民衆の政治参加がなければ形骸化してしまいます。なぜなら結局のところ、自由主義の重視する個人の権利や自由といった諸価値は、政府に対する個人の積極的な働きかけによってしか保障されえないからです。以上のような事情から、民主主義と自由主義という二つの異質な政治思想は結合し、互いの弱点を補い合っています。

しかし前章の後半で見たように、リベラル・デモクラシーの下でも深刻な問題が進行しています。その一つが政治的無関心の問題です。選挙権の拡大による民主主義の進展に反比例するかたちで必然的に政治に参加する者一人一人の影響力は減り、またそれとともに市民の政治責任の実感も薄まりました。加えて自由主義的な制度の定着は、政治権力に対する警戒を旨とする自由主義思想の形骸化をもたらし、大量の「権利の上にねむる者」を生み出しました。

では、どうすればよいのでしょうか。一見、私たちにはもう手札が残されていないようにも思えます。フクヤマの宣言した通り、やはりリベラル・デモクラシーが最終的な答えなのでしょうか。政治的無関心や経済的格差など、リベラル・デモクラシーの下で必然的に生じる問題は、リベラル・デモクラシーを採用することの代償として甘んじて受け入れるしかないのでしょうか。

いや、まだ希望はあります。近年政治学の分野においては、リベラル・デモクラシーを構成する自由主義と民主主義とは別の、「共和主義（republicanism）」という政治思想に対する注目が高まっています。思想史家J・G・A・ポーコックの記念碑的作品『マキァヴェリアン・モーメント』に端を発する共和主義研究の活況は、クリックなどの政治学者を通じて現実政治にも影響を及ぼしています。

「共和主義」というと、特に日本人の読者にとってはあまり馴染みのないものに思われるかもしれませんが、実は私たちが現に採用している制度の中にも、共和主義的な要素を見いだすことができます。その意味で、ここで私が提案するのは、今日の日本にまったく異質な要素を外部から新しく取り入れるということではありません。そうではなく、現行秩序の中にも含まれているものの、見過ごされがちな共和主義的要素を自覚することで、リベラル・デモクラシーという政治・社会システムを思想的な面から補強すること。これが本章の目的になります。

以下では、特にシティズンシップ教育論の火付け役となったバーナード・クリックやデレク・ヒーターといった政治学者たちが、なぜ共和主義という政治思想に依拠して自らの議論を展開することになったのか、という観点から共和主義思想の足跡を追います。そのうえで民主主義社会における専門知や教育の存在意義について考えてみましょう。

1 古代における共和主義の誕生

†共和主義の三つの要素

とはいえ、共和主義は実につかみどころのない概念です。「〇〇主義」と名のつく政治思想には珍しく、日本語と外国語とを問わず、この概念にはいわゆる入門書が現時点でほとんど存在しません。なかには共和主義を、「西欧思想のいわば底流を流れ貫いているもの」と捉える立場もあります（佐伯・松原 二〇〇七、v頁）。つまり民主主義や自由主義といった個々の政治思想の「底流」に、共和主義的要素が共通してみられるという立場です。

こうした立場に対して、本書は少し異なる立場をとります。民主主義や自由主義といった他の政治思想と重なる部分はたしかにあるものの、それらとは明確に区別することができ、それどころか、ときには対立しうる概念として共和主義を描くことになります。そこで本論に入る前に、筆者なりに「共和主義」という政治思想（あるいは「共和政」ないし「共和国」という政体）と深く関連する三つの要素を取り上げておきたいと思います。

一つ目は、「王の不在」という要素です。これは「共和政」が「王政」ないし「君主政」と区別される際の目印となります。特に「共和主義者」と言った場合に、世襲の君主が存在しない政体を志向する立場を指すことがあります。

二つ目は、「混合政体」という要素です。これについては後ほど詳しく説明しますが、この要素は「民主政」と「共和政」を区別する際の一つの目印となります。なぜなら民主政は共和政にとって、あくまでもその一部分にすぎないからです。

三つ目は、「公的なるものの重視」という要素です。これは私的なものを重視する自由主義と共和主義を区別する目印となります。二つ目の要素と三つ目の要素は論理的にも深く結びついていますが、これについても後に詳述します。

さて、本書では意図的に一つ目の要素を無視することにします。というのも、一つ目の要素は、二つ目と三つ目の要素と必ずしも不可分ではないからです。「共和国」と言ったときに、常に第一義的に「王の不在」を意味してきたことは確かな事実ですが、近年政治思想史においては、「王のいる共和政」への注目が高まりつつあります（中澤 二〇二二）。

また、一つ目の要素に気をとられすぎると、二つ目と三つ目の要素を含む共和主義の伝統を見逃してしまう恐れがあります。そこで本章では、まず共和主義の政治思想が誕生するまでの歴史を辿り、次に共和主義から「王の不在」という要素が抜け落ちていくプロセス（および、それと並行して、共和主義的政治思想を展開する際に「共和主義」という言葉が用いられなくなっていくプロセス）を確認したうえで、最後に今日「共和主義」という概念が再度注目を浴びるようになってきた背景を見ていきたいと思います。

†プラトンの哲人王思想

共和主義の歴史を辿る場合、古代ローマのキケロ（あるいはフィレンツェのマキアヴェッリ）から始めるのが一般的ですが、ここではあえてキケロよりも前の思想家から話を始めたいと思います。というのも、共和主義という政治思想の核心部分は、プラトンの思想の中にすでに示されているからです。

第1章で触れたように、師匠ソクラテスの死に絶望したプラトンは、「哲人王思想」という政治思想を展開することになります。プラトンの哲人王思想の内容は、「哲学者が王となって統治するか、王が哲学をするか」という言葉に集約されています。要するに、知恵の点で特に優れている者だけが政治に携わるべきである、という考えです（プラトン 二〇〇八、上、四五二頁）。

このことを説明するにあたって、プラトンは「人間の魂」を三つに分けます。すなわち優劣の順に並べると、「理性」と「気概」と「欲望」です。そして、より優れた部分に対してより劣った部分が従っている状態が、人間の魂の正しいあり方であると彼は言います。国家という集団も、人間の魂と同じように、三つの部分に分けることができます。守護者階級（統治者）と補助者階級（軍人）と生産者階級（庶民）です。そしてこれらの各部分が有する持ち味（徳《アレテー》）は、人間の魂のそれに対応しています。すなわち統治者と理性の徳は「知恵」であり、軍人と気概の徳は「勇気」であり、庶民と欲望の徳は「節制」ということになります。そして国家という集団の内部においても、やはり優れた部分に劣った部分が従っている状態というのが正しい状態（正義）ということになります（図4－1）。

プラトンは理想的な国制、つまり哲人王が支配する国制のことを「優秀者支配政《アリストクラティア》」と呼んでいます（同、下、一九〇頁）。アリストクラティアという言葉は、古典ギリシア語で「最も優れた者」を意味する「アリストイ」の派生語で、今日の英語でいう aristocracy（貴族政）に対応しますが、プラトンにとっては支配者の人数はそれほど重要ではありません。単独支配であれ少数者支配であれ、とにかく「知恵の点で最も優れた者」のみが支

国家	守護者階級（統治者）	補助者階級（軍人）	生産者階級（庶民）
（徳）	知恵	勇気	節制
人間の魂	理性	気概	欲望

図４－１　プラトンの三分類

配権を握る国制が最も望ましいというのが彼の見解でした。

その他の部分についても見ておくと、まず軍人は、法を破る者があれば、「勇気」を発揮して悪に立ち向かい、統治者をサポートすることが求められます。また庶民は、欲望を「節制」し、統治者におとなしく従うことが求められます。ここで「節制」とは、暴飲暴食や無駄遣いを我慢することではありません。古代ギリシアにおいては多くの人びとが「政治に携わりたいという欲望」を当たり前に持っていました。プラトンはその欲望を抑えることこそ庶民の徳だと考えたのです（同、下、二三七―四〇頁）。

逆に言うと「民主政」という政治体制は、国家の中でも最も劣った部分が支配する国制ということになります。プラトンによると、学問に触れることのない民衆は決して真理《イデア》に到達できず、よって民主政は臆見《ドクサ》の支配にならざるをえません。一般の人びとが抱く感覚的な知識が、学問的な知見を凌駕《りょうが》してしまうのです。民主政をこのように批判するプラトンは、哲学者の意見と民衆の意見が等しい価値を持つとは考えませんでした。

プラトンの提示する「優秀者支配政」という政治体制は、王政や貴族政ではあっても共和政ではありません。なぜならそれは後に見るように、民主政的要素を含んでいないからです。にもかかわらず、あらゆる人間の意見が等価ではないというプラトンの考えは、特に民主主義とは区別された政治思想としての共和主義の誕生を準備するものであったと言えます。

特に彼の哲人王思想の根底にあるイデア論哲学は、共和主義思想を支える世界観として重要です。民主主義思想においては、洞窟の中も外もありません。なぜなら学者の意見も民衆の意見も、あらゆる意見が等価だからです（蔭山 二〇二〇、七七頁参照）。それに対し、「直観によって得られた感覚的な知識は間違っているかもしれない」という自制的な視点は、共和主義思想の核となる要素です。

プラトンのこのような鼻持ちならないエリート主義的な思想を（しかも研究者である筆者が）紹介すると、反感を覚える人もいるかもしれません。ですが歴史を振り返ると、人類は必ずしも常に多数決によって進歩してきたわけではないことが分かります。天文学的な知識なしに空を見上げると、太陽が地球の周りを回っているように見えても無理はありません。そして人類の大多数がそう思っている時代があったのです。

もちろんこの先地動説が未来永劫覆されないという保証はありませんが、とはいえ人類はその歴史の大半の時期において、普段の何気ない生活から得られる感覚的な知識とは別に、腰を据えて深く考えることで得られる学問的な知識や専門家の意見を積極的に活用してきました。今日においても、コーヒーのことはコーヒーの専門家に聞くでしょうし、天体について詳しくなりたければ天文学を勉強するでしょう。

ですが、こと政治に関してはどうでしょうか。選挙での投票にあたり、政治学者の意見を参考にしている人がどれほどいるでしょう。また、「政治に関心を持ちましょう」ということはよく言われますが、「政治学を勉強しましょう」という声はめったに聞かれません。もちろんこれは、あらゆる政治的意見を質的に区別しないという民主主義の根本的な価値観が浸透している証拠です。その意味では喜ばしいことでもあります。ですが、一般的な感覚は常に正しいとは限らない、という別の視点も持っておいて損はないでしょう。

共和主義という政治思想は、あえてプラトンの「洞窟の比喩」に即して言うならば、「洞窟の外に出ようとする努力」によって基礎づけられています。ありのままの民衆の意見を肯定する民主主義との違いはそこにあるのです。

†アリストテレスの混合政体論

共和主義という政治思想により直接的に関わってくるのが、アリストテレスの混合政体論です。第1章でも触れましたが、アリストテレスは望ましい国制を「国制《ポリテイア》」と名づけました。第1章ではこの「国制《ポリテイア》」の「穏健な民主政」としての側面を説明しましたが、ここではもう一つの「混合政体」としての側面に光を当てていきたいと思います。

アリストテレスは自身が理想と考える国制を、民主政と寡頭政の混合として説明しています（アリストテレス 二〇〇一、二〇一頁以下）。彼が民主政的要素として挙げるのは、当時アテナイでも実際に行われていた「くじ引き」と「輪番制」です。どちらも民衆の一人一人を質的に区別しない制度であり、その意味で、多数者が（ランダムで）政治に参加するという民主政の原理に適っています。

それに対して、第1章で述べたとおり、彼が寡頭政的要素として挙げたのは「選挙」でした。というのも選挙は民衆の中からごく少数の「優れた者」を選出する制度だからです。そして以上の民主政的要素と寡頭政的要素をうまく組み合わせたものが、アリストテレスの考える理想の「国制《ポリテイア》」です。このことから、アリストテレスの議論を「混合政体論」と呼ぶことがあります。

ここで特に（共和主義だけでなく本書全体にとっても）重要なのは、国家が依拠する原理は一つでなくてもよいということです。民主政も寡頭政も、単独ではうまくいかない。実際、アリストテレスの国制分類論においても、両者は「逸脱した国制」に分類されています。ならば混ぜてしまえばよい。アリストテレスのこうした柔軟な発想は、「リベラル・デモクラシーの超克」という課題を考える際のヒントになります。

そもそもリベラル・デモクラシー自体が相対立しうる原理の結合体であるわけですが、そのことは一般的にはあまり認識されていないようです。今日においては猫も杓子《しゃくし》も民主主義です。民主主義を徹底しさえすれば、あらゆる問題が解決されると思われている節さえあります。

ですが、究極目的はあくまでも「善き統治」であって「民主主義」それ自体ではありません。善き統治を実現するために今日採用されるに至ったリベラル・デモクラシーが異なる要素の混合であることが分かれば、おのずと他の政治思想にも目を向ける気にもなるでしょう。

政治は「純血」である必要はないのです。善き統治という目標を達成するために、使えるものは使いましょう。こうした精神が、混合政体論を柱とする共和主義の根底には流れていると言えます。

†古代ローマの共和政

さて、その後ギリシア世界は西方のローマに征服されてしまいました。このローマという国は紀元前五〇九年に異民族の王を追放し、「共和政」を樹立したと言い伝えられています。この共和政という政治体制の下で、ローマは版図を地中海全域へと拡大しました。

征服されたギリシアから人質としてローマに連行された歴史家のポリュビオスは、「なぜギリシアは滅び、ローマは栄えたのか」を探究しました。そして彼の辿り着いた答えは、「ローマの栄光の鍵は〝混合政体〟にある」というものでした。

アテナイの民主政とローマの共和政の違いは、前者が身分の差による政治的権利の不平等を廃したのに対し、後者には「貴族《パトリキ》」と「平民《プレブス》」という身分の差による政治的権利の不平等が残り続けたことにありました。ローマの共和政を構成する要素として、ポリュビオスは「執政官（コンスル）」と「元老院（セナートゥス）」と「民会（コミティア）」の三つの機関を挙げています（図4-2）。

執政官はローマの政治指導者にあたる立場です。もともとは貴族がこの立場を独占していましたが、前三六七年に定められたリキニウス・セクスティウス法により、執政官が貴族身分と平民身分の両方からそれぞれ一人ずつ（計二人）選ばれることになりました。ポリュビオスによれば、この執政官という立場は、共和政の「王政的要素」を表しています。

元老院は執政官や民会に対して助言を行う機関です。この元老院の構成員（議員）には、基本的には家柄のよい貴族しかなることができませんでした。前述の法により、前三六七年以降は平民の富裕層も「新貴族《ノビレス》」として元老院議員に選出されるようになりましたが、それでもこの機関を構成するのは国民の中のごくわずかでした。ポリュビオスによれば、

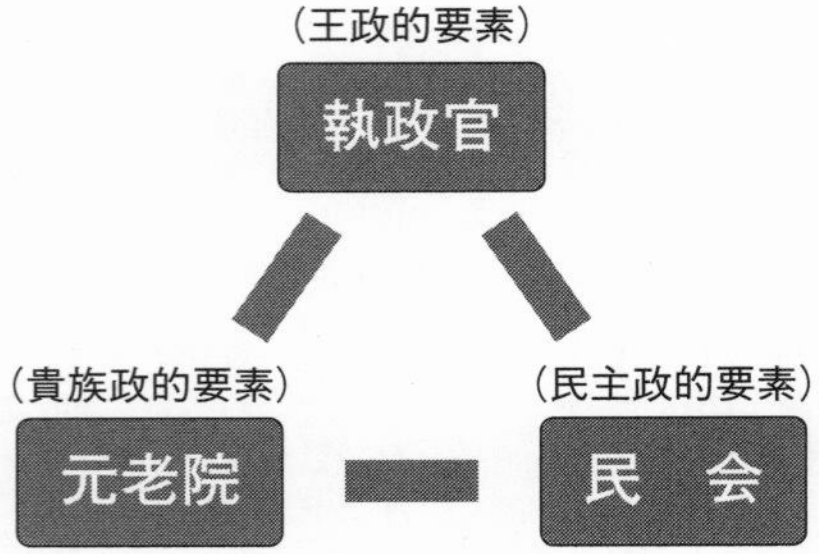

図４－２　ポリュビオスの混合政体論

この元老院という機関は、共和政の「貴族政的要素」を表しています。

民会《コミティア》は平民も参加することのできる議決機関です。アテナイの民会《エクレシア》とはやや異なり、市民が個人として参加し、そこで自由に発言する権利が認められていたわけではありませんでした。その意味で、アテナイの民会に比べると機能は限られていましたが、それでも平民が政治に参加することのできる機会にはなっていました。ポリュビオスによれば、この民会という機関は、共和政の「民主政的要素」を表しています（ポリュビオス 二〇〇七、第二巻、三〇六―一六頁）。

さて、一方でポリュビオスは、ギリシア世界が衰退した原因を、民主政や寡頭政といった「単一の原理に基づく国制」を採用していたことに見いだします。単一の原理に基づく国制は、世代交代が主な原因となり、変転を余儀なくされます。例えば民主政は、それ以前の非民主的な政体を経験した世代が生きているうちはうまく機能します。しかし、世代交代が進むにつれ、徐々に現行制度のありがたみも忘れられることになります。そしてデマゴーグに籠絡された民衆は民主政を捨て去り、独裁者を戴くに至る。このようにして政体は次々に循環していく、とポリュビオスは言います（同、二九五―六頁）。

それに対してローマは複数の原理を国制の中に採り入れることで、「混合政体」としての共和政を完成させたからこそ、これほど安定して強力な国家に成長することができた、と彼は結論づけます。王政と貴族政と民主政のいずれもが、それ単独では崩壊する運命にあるのなら、すべての要素を採り入れた政体をつくればよい。こうした観点から、ポリュビオスはローマの独特な国制の中に合理性を見いだしました。

†キケロの共和政擁護論

しかしながら、ポリュビオスの称賛した共和政ローマもまた、アテナイと同じように危機を経験することになります。ローマは紀元前二世紀後半以降、「内乱の一世紀」と呼ばれる時代に突入します。この時代を生きた哲学者キケロの政治思想が、共和主義という政治思想の成立に決定的な影響を与えました。

「内乱の一世紀」において、ローマの有力者たちは、マリウスの軍制改革（前一〇七年）により自身の私兵と化した無産階級の平民たちをおのおの従えて、競って権力を追い求め、血で血を洗う政争を繰り広げていました。繰り返す戦争を通じて巨大帝国を築き上げたローマの共和政は、もはや機能不全に陥っていたのです。そしてこの崩れかかったローマの共和政にとどめを刺そうとした政治家が、かの有名なカエサルでした。

カエサルは元老院と対立し、自らの立場（独裁官）に権力を集中しようと試みました。ポリュビオスの見方からすれば、これは混合政体を再び王政という単一の原理に基づく国制へと戻そうとする愚行でした。そして自ら執政官も経験し（前六三年）、当時は元老院議員を務めていたキケロは、カエサルからローマの共和政を守るため、独自の共和主義思想を展開することになります。

キケロはポリュビオスの解釈を踏襲しつつ、共和政を構成する三つの機関にそれぞれ特有の機能を見いだしました（キケロー 一九九九、六〇頁、九八頁）。彼によれば、まず執政官という立場は「命令権《インペリウム》」という機能を担っています。命令を下す者が多数いると、従う側は混乱してしまいます。特に無産階級出身の志願兵たちが、国家全体に対してでなく、それぞれが付き従う指揮官に忠誠を誓うようになっていた当時のローマにおいては、これは切実な問題でした。

にもかかわらず、執政官は独断で政治を行ってよいわけではありません。そこで元老院という機関が、「権威《アウクトリタス》」という機能を担うことになります。権威とは、歴史家テオドール・モムゼンの表現を借りるならば、「助言以上のものであり、命令以下のもの。むしろ正当に服従を拒むことができない助言」と言い表すことができます（クリーガー 一九八八）。要するに、当時ローマの諮問機関として執政官や民会に対する助言を行っていた元老院のことを簡単には無視できない社会的な雰囲気があったのです。

なぜかといえば、元老院議員は名門貴族の家系や財を成した富裕層といった社会的にも尊敬を集める層から選出されていただけでなく、執政官の任期がたった一年であるのに対し、元老院議員は終身の役職であったため、経験の蓄積があり、こと政治に関しては並の人よりも通暁していると思われていたからです。「権威」というのはこのように、「この人物の意見は傾聴に値する」と広く考えられているときに生ずるものであり、ローマが安定していた頃の執政官も、この元老院の助言に耳を傾けつつ統治していたからこそ、共和政ローマも繁栄することができたとキケロは考えたわけです。

しかしながら、この執政官と元老院だけで政治を行うということになれば、当然国民の大多数は政治の場から締め出されてしまいます。特に古代ギリシアや古代ローマの時代においては、自らを拘束する政治的決定に自らも参与する、より抽象的な言い方をすれば、運命に一方的に振り回されるのではなく、運命を自分の力で統御することが、動物や奴隷とは区別された人間（自由人）らしい生き方であると考えられていました。

そこで三つ目の民会という機関が、「自由《リベルタス》」という機能を担うことになります。キケロは政治という営みのごく一部であったとしても、何らかのかたちで市民全員を政治に関わらせることが必要であると考えていました。そもそも「内乱の一世紀」も、国家が大きくなりすぎたことにより生じた危機でした。そのため、「自分が国家の命運の一端を担っている」という実感を多くの国民に抱かせることは、対外戦争などで発揮される国家の強度にも深く関わってきます。

以上のようにして、キケロはポリュビオスの共和政論をさらに一歩進めました。ポリュビオスにしてもキケロにしても、民主政は共和政を構成する要素の一つにすぎないということが、民主主義という政治思想を相対化するうえでも重要となります。特にキケロは、共和政を構成する三つの部分がそれぞれ異なる機能を果たすことにより、自然法に基づく政治、すなわち公共の利益が実現されると考えていました。

しかしながら、キケロは共和政の崩壊を止めることはできませんでした。第2章で見たように、前二七年、ローマは帝政という政治体制へと移行します。以後、特に中世キリスト教世界においては王政(君主政)が広くとられるようになり、その意味では「王の不在」を意味する共和政はほとんど失われてしまいます。この共和政という政治体制、そして共和主義という政治思想が本格的に復活するのは近代以降のことになります。

2　近代における共和主義の継承

さて、冒頭で触れたポーコックの研究は、アリストテレスの議論に胚胎した共和主義的契機が、中世という長い冬の時期を経て、ルネサンス期のマキアヴェッリに象徴される市民的共和主義として開花し、アメリカ独立革命に結実する過程を描いています（ポーコック 二〇〇八）。そのマキアヴェッリを評して、「マキアヴェッリは、国王たちに教訓を与えるようなふりをして、人民に偉大な教訓を与えた。マキァヴェリの『君主論』は共和主義者のための書なのである」と述べたのがルソーでした（ルソー 二〇一〇、一一〇頁）。ここでは近代における共和主義思想史の展開をルソーから見ていきたいと思います。

†ルソーの民主政批判

第1章で見た通り、「近代民主主義思想の父」とみなされることの多いルソーですが、実は彼が明確に「民主政」という政治体制を批判したということはそれほど知られていないかもしれません。彼は『社会契約論』の中で次のように語っています。「もしも神々からなる人民があるとすれば、この人民は民主政治をもって統治するだろう。これほど完璧な政体は人間には適しない」（ルソー 二〇一〇、一〇四頁）。これはどういうことでしょうか。

ここでルソーが問題にしているのは、立法権と執行権の関係です。第1章で見たように、アテナイの民主政においては、立法も行政も司法もすべて民衆が直接担っていました。このように「法を作る者」と「それを執行する者」が同一である政治形態をルソーは「民主政」と呼んでいます。ここでルソーは特に「執行権」を人民全体で（くじ引きや輪番によって）担当していることを問題視しています。

「一般意志は代表されえない」とし、人民集会というかたちで民衆を「立法」に関わらせることが必要不可欠と考えたルソーでさえ、その「執行」までも民衆が担当すべきとは考えていませんでした。というのも、仮に「法を作る者」と「それを執行する者」が同一であるとすれば、前者は自分にとって都合の悪い法をそもそも作らなくなりますし、後者も自分にとって都合の悪いときは法の執行を差し控えることができるからです。

「人民全体が両者を担当する」と考えると分かりづらいですが、仮に立法と執行の両方を「貴族」という国民の中のごく一部が担当する政体を想像してみましょう。例えば公金の着服を罰する法律が定められていたとしても、執行を担当するのも同じ貴族なので、その法を執行するもしないも貴族の裁量次第ということになってしまいます。だからこそ立法権と執行権の分離独立が必要なのです。

現代の日本においても、国民は選挙を通じて立法に間接的に関わっていますが、他方で司法や行政は難関試験を突破した「専門家」によって担われています。裁判員制度などに見られるように、最近ではこうした構造を修正する動きも見られますが、少なくともアテナイにおける民主政と今日の国制とはこの点でも大きく異なるということは押さえておくべきでしょう。

ではルソーは自らの理想とする政体を何と呼んだのでしょうか。ブルボン朝の絶対王政真っただ中のフランスにおいて、ルソーが「君主政」と対比させたのは、「民主政」ではなく「共和政」という政治体制でした（ルソー 二〇一〇、一〇八頁以下）。彼が共和政と言ったときに、立法権と執行権の分離という条件が含まれていたことは、右の民主政批判からも明らかです。「共和政」という語のこうした用法は、後のカントにも受け継がれることになります。

†自然的自由から市民的自由へ

本書にとってさらに重要なのは、第1章でも取り上げたルソーの「完成可能性」の概念です。

『人間不平等起源論』を書いたとき、彼は同時代の哲学者ヴォルテールから「あなたの著作を読むと四つ足で歩きたくなりますね」という皮肉を浴びせられました（小野 二〇一五、二五四―五頁）。たしかに文明社会を痛罵し、自然状態への憧憬を表明したルソーの著作を読めば、「そんなことを言うなら四足歩行で森に帰ればいい」と言いたくなる気持ちも分かります。

しかし、少なくともその七年後に出版された『社会契約論』においては、ルソーは森に帰ることを選びませんでした。「完成可能性」を有する限り、人間の歴史の進歩は不可逆的であるため、いまさら人間が森の中の素朴な生活へと引き返すことはできません。そこで彼は、文明人がいかにして自由を取り戻すことができるのか、という問題に取り組むことになります。

ルソーによれば、文明が発展するにつれ、人間は徐々に「自愛心」や「憐み」といった自然的感情ではなく、「虚栄心」や「利己心」といった（自然状態には存在しなかったという意味で）不自然な感情に衝き動かされるようになります。人間は奢侈《しゃし》に走り、他人と自分を比べ、競って世界の一部を「自分のもの」として囲い込むようになり、ここに「所有権」の観念が生まれます。そしてこの所有権によって生じた不平等を固定化するために創り上げられたのが現在の「不正な政府」ということになります（ルソー 二〇一六）。

自由なものとして生まれたはずの人間が、至るところでこのような「不正な政府」に従っている状況を見たルソーは、いかにして人間は再び自由になることができると考えたのでしょうか。ここで重要になってくるのは、人間がもともと持っていた「自由」と、国家の下で人間が取り戻す「自由」とは異質なものであると彼が考えたことです（ルソー 二〇一〇、三四—五頁）。

一方でルソーは、人間が自然状態において持っていた自由のことを「自然的自由《リベルテ・ナテュレル》」と呼びます。自然的自由とは、自らの「欲望」を満たすにあたって障害がないことを指します。しかし、これは見方を変えれば、自らの意志とは無関係に「欲望」に対して一方的に従っている状態なので、これは「奴隷状態」であるとルソーは断じています。

また「不正な政府」の樹立された文明社会においても、そこから利益を得ている一部の支配層は「自由」なわけですが、彼らもまた「利己心」という情念の奴隷なので、彼らの享受する自由も「自然的自由」の延長として解釈されるべきでしょう。というのも、第2章のヒュームのところで述べたように、文明社会は「自然化された人為」だからです。

しかしながら、（「不正な政府」ではなく）真の国家を設立する社会契約を通じて、人間はより高次の自由を得ることになります。それが「市民的自由《リベルテ・シヴィル》」です。市民的自由とは、自らが課した法に自ら従っている状態を指します。一言で言えば「自律」の状態です。こうした状態を実現するためにこそ、市民が直接立法に参加する人民集会という機会が重要になるわけですが、ここで浮上するのが「一般意志」の問題です。

ここで私たちは、第1章で保留にしておいた「一般意志」の問題に回帰することになります。

†ルソーの「一般意志」論

国家（「政治体」）は一体となって動く必要があります。古代ローマの「内乱の一世紀」のように、複数の有力者やそれに付き従う私兵によってバラバラに引き裂かれてしまったのでは困ります。そこで国家という一つの身体は、「意志」を一つにまとめる必要があります。

さて、しつこいようですが、ルソーは「一般意志は代表されえない」ということを述べました。だからこそ人民の集会が必要となるわけですが、問題はそこで表明された意志というのが、公共の利益を志向する「一般意志」と一致するとは限らないということです。人民集会に集まった市民たちが、それぞれの属する党派や自分自身だけに利するような意見（「特殊意志」）を表明したとすれば、国家は分裂してしまいます。このような特殊意志の単なる寄せ集めにすぎない意志のことを、ルソーは「全体意志」と呼びました（同、四六頁）。

人民集会で表明された意志が「全体意志」ではなく「一般意志」であるためには、人民が常に私的なものよりも「公的なるもの」を重視するような慣習や公共精神を具えている必要があります。民主主義国家が建国される際に、こうした慣習を人民に与える存在をルソーは「立法者」と呼んでいます(同、六二頁以下)。「人民による統治」は自動的に「人民のための統治」につながるわけではありません。立法者が与える慣習が両者を媒介する役割を果たすのです。

このようにルソーは決して「ありのままの民衆が表明する意志」に基づく統治を肯定したわけではありませんでした。「全体意志ではなく一般意志を」と口で言うのは簡単ですが、実際には公共の利益を目指していたとしても、結果として公共の利益に反する政治的決断を下してしまうことは多々あります。人間は自分の行動がもたらす結果をすべて前もって知ることのできる神ではないのです。

しかしながら、人間には「完成可能性」があります。努力次第で、一般意志に近づくことはできます。しかも他の動物とは異なり、人間は本能に一方的に従うだけの存在ではありません。人間は理性によって情念を克服し、私利私欲を追求したくなる気持ちを抑えて公共の利益を目指すことができる。そして公共の利益へとつながる一般意志に従うことで、人間は「市民的自由」を手に入れることができる。共和主義という政治思想はそのような信念に基づいています。

†カントの哲学的前提

このように人間の理性に対する信頼に依拠した政治理論は、第2章で見たヒュームのような思想家の目には、いくぶん時代遅れなものと映ったことでしょう。というのもルソーの生きた一八世紀という時代には、すでに人間の理性という能力に期待するのをやめ、その情念をむしろ積極的に社会秩序の創出に利用しようとする発想が出てきていたからです。

その最たる例がヒュームなわけですが、彼の著作に感心しつつも、やはりルソーのことを尊敬し、彼の共和主義思想をドイツ語圏で熱心に継承した哲学者がいました。イマヌエル・カント（一七二四―一八〇四）です。ここではまず、彼の哲学的な前提から確認していきましょう。

ヒュームは「理性は情念の奴隷である」と述べ、そこからイギリス国制の合理性を説明しました。例えばイギリス国制によって保障されている「所有権」なるものは、理性によって認識される「自然権」であるから保障されているわけではありません。人間が長い試行錯誤の歴史を通じて、「自分の私有財産を安全に守るためには、他人の所有権も尊重する必要がある」ということを学び、徐々に個人の間で「黙約」が形成されてきたからこそ、それは保障されているのです。このように、ヒュームにとって「理性」とは、あくまでも情念を満たすための人間の計算能力にすぎないものでした。

それに対してカントは、ヒュームの言う「理性」を「悟性《フェアシュタント》」という別の言葉で置き換えます。「悟性」とは、英語で言うところのunderstanding、すなわち「理解」を表しています（網谷二〇一八、三二頁以下）。

例えば、リンゴの実が木から落ちるのを観察した人がいるとしましょう。「リンゴが木から落ちる」という個別的な事象を把握するのは「感性」という能力です。人間は現実世界（「現象界」）から感性を通じて得られた雑然とした個別的情報の蓄積から、一般法則を導き出す能力を持ちます。これが「悟性」という能力です。何度もリンゴが木から落ちるのを観察し、そこから「万有引力の法則」を発見するように、「お手をすればエサがもらえる」という法則は犬でも発見できるでしょう。つまり「悟性」とは人間特有の能力ではありません。

図4－3　カント

これに対し、人間には「理性《フェアヌンフト》」という他の動物にはない能力があります。例えば右のような経験的認識の成立過程それ自体を、一歩引いた視点から把握する能力がそれです。因果連関に支配された自然界から抜け出るこうしたメタ的な視点からの認識を、「経験を超えた認識」という意味で、カントは「超越論的」認識と呼んでいます。人間は、情念に振り回される自分を一歩引いた視点から眺める「理性」という能力を持つのです。

やや込み入った話になってしまいましたが、このような哲学的前提から、カントはルソーの共和主義思想をより精緻化したかたちで推し進めることになります。

†カントのパターナリズム批判

この理性という能力はもちろん万能ではありません。それは例えば、この世界を創造した神の意志を認識することなどできません。「人間は神ではない」というルソーの前提はここでも引き継がれています。それどころか、プラトンで言うところの洞窟の外(「叡智界」)にある真理《イデア》の内容を直接窺い知ることも、カントにおいては断念されることになります。理性によって知ることができるのは、経験的認識の成立過程などといったごく形式的なことに限られるのです。

こうした観点から、カントは自らの故郷プロイセン王国で行われていた「父権的《パターナル》な統治」を批判します。ここで言う「父権的《パターナル》な統治」とは、まるで父親が幼子を遇するかのごとく、「臣民の幸福」を想う君主が臣民を慈悲深くかつ独裁的に統治することを指します。「それのどこが悪いのか」といぶかる向きもひょっとしたらあるかもしれません。

ですがカントは、こうしたいわゆる「啓蒙専制君主」の存在を厳しく批判します。その理由はこうです。

そこで臣民は、何が自分にとって本当に有益なのか有害なのか判断できない未熟な子どものように、ただ受動的に振る舞うことを強制される。臣民がどのようにして幸福になるべきかということは、国家支配者の判断にしか期待できなくなり、国家支配者が臣民の幸福を望んでくれるということもまた、国家支配者の善意にしか期待できなくなる。(カント 一九七四、一四三頁参照。ただし、引用は網谷 二〇一八、一一五頁の訳文による)

カントにとってもまた、ルソーと同じように、「自律」という状態が人間としての生を送るうえできわめて重要でした。しかし「父権的《パターナル》な統治」は、臣民をいつまでも自分で判断することのできない未成年状態にとどめおいてしまいます。

そもそも「啓蒙専制君主」とはいえ、彼自身も神ではなく人間です。人間である限りは、

「幸福とは何か」という問題に最終的な答えを出すことなどできません。それは神のみぞ知ることです。であれば、「幸福とは何か」という問題については、各人が自分で考え、それぞれの答えを出すべきでしょう。したがって国家の役割とは、啓蒙専制君主が決めた「幸福」を臣民に一方的に提供することではなく、各人が各人の考える「幸福」を追求するための形式的自由を保障することに限定されます（網谷 二〇一八、一一四―七頁）。

以上のように、カントはいわゆるパターナリズムを批判しました。こうしたカントの議論は、「人民による統治」というルソー的な発想と連続性を有する部分であり、その意味でカントの政治思想には民主主義的な要素が含まれています。

†他律と自律

にもかかわらず、ルソーと同様に、やはりカントも純然たる民主主義者ではありませんでした。理性という人間の能力を信じたカントではありましたが、彼はまた「人間の弱さ」にも自覚的でした。

まず前提として、洞窟の中と外の断絶を強調したプラトンと同じように、カントは「現象界」と「叡智界」を区別します（小野 二〇一五、二九一頁以下）。分かりやすい表現で言い換えれば、前者が現実の世界だとすると、後者は理想の世界を指します。現実においては、人間はたしかに動物的な側面を持ちます。自然状態においてであれ文明社会においてであれ、人間は自身の欲望を追い求めるだけの存在なのかもしれません。

例えばホッブズは、生存本能に衝き動かされ、最終的に「理性」という計算能力を駆使して、自らの自己保存を保障するためにはあえて破るべきではない「自然法」というルールを発見する存在として人間を描きました。またヒュームは、自らの利益を安全に確保しようとする功利的な打算から、歴史の中で「黙約」を形成してきた存在としての人間像を提示しました。しかしカントは、そのようなあり方が人間という存在のすべてであるとは考えませんでした。

ホッブズやヒュームが想定するような人間を、カントは「現象的人間」と呼びました。現象的人間は自然界の因果連関によって一方的に規定されるだけの他律的な存在です。これでは本能にひたすら付き従って動く動物と何ら変わらず、人間の本領が発揮されているとはとても言えません。快楽を求め苦痛を避けるだけの生き方は、人間らしい生き方ではないのです。

では人間らしい生き方とは、いったいどのようなものでしょうか。カントは本来のあり方における人間を「叡智的人間」と呼びます。叡知的人間は、自然界の因果連関から自由な、自律的な存在です。「自律」とは文字通り、自らを律している状態であるので、何ものにも従っていない状態ではありません。しかし、例えば「黙約に従っていれば、自らの財産が守られる」という動機からイギリス国制に従うのであれば、それは快楽を求める人間の内なる自然法則に従っているだけの他律的な状態になってしまいます。

それに対して自律とは、快楽が得られるか否かにかかわらず、無条件で従うべき普遍的な道徳法則（「定言命法」）に従って動いている状態を指します。しかもそのような道徳法則は、他人から教え込まれたり強制されたりするのではなく、自分自身で発見しなければ意味がありません。なぜなら自分で正しいことを発見し、それに自分で従うのでなければ自由とは言えないからです。

†賢くある勇気

ここまでは、カントの議論はルソーのそれを精緻化したものと見ることができます。カントの言う普遍的な道徳法則とは、ルソーで言うところの「一般意志」とも重なり合う概念です。つまり人間は、一般意志に従うことで初めて真の意味での自由を得るのです。しかもそれは「代表されえない」ので、やはり自ら立法する必要があります。その意味で、「人民による統治」と「人民のための統治」の両方が、理想的人間にとっても理想的国家にとっても等しく求められることになります。

しかしカントは、「人間の弱さ」についてもより自覚的に論じています。彼は『啓蒙とは何か』という短い論考の中で、人間の目指すべきところを「未成年状態からの脱出」と表現しました（カント 一九七四、七頁以下）。

未成年状態にある人間が、何かに寄りかかって判断を下すのは致し方ないことでしょう。自らの所属する家族・企業・階級・民族といった特定の集団で採用されている判断を鵜呑みにすることは、とりわけ成熟した判断能力を欠く個人に関してはよく見られます。しかし、それは「能力」だけの問題ではありません。自らの属する集団に判断を丸投げすることは、判断に伴う心理的な負担をも軽減してくれます。他人の判断に寄りかかって生きていくことは楽な生き方でもあるのです。

ですがカントはそのような人間に対して、「あえて賢かれ《サペーレ・アウデ》」と言います。つまり「賢くある勇気を持て」ということです。自分の頭で考え抜き、出した答えに従って生きるのは、大変勇気のいることです。なぜならその答えが間違っていたとしても、他人のせいにすることはできず、その責任はすべて自分に降りかかってくるからです。そのような生き方は避けたいと願う人が多くいたとしても無理はないでしょう。

しかしながらカントは、少なくとも他人に判断を丸投げする他律的な生き方が「叡智的人間」の生き方であるとは考えませんでした。彼はさらに一歩踏み込んで、「学者」と

「世界市民」の立場に立つことを推奨します。「学者」の立場に立つとは、権威に寄りかかるのではなく、自分で思考し自分の考えを述べることを指しています。「世界市民」の立場に立つとは、特定の組織や地域などの利害関係から離れて普遍的に妥当するように思考することを指しています。ここでもまた「人民による統治」と「人民のための統治」というモチーフが連なっています。そしてこのような前提から、カントは独自の共和主義思想を展開することになります。

†カントにおける共和主義と共和政

本章の冒頭で提示した、共和主義思想を構成する三つの要素を考えるうえで、カントは一つのターニングポイントになっています。というのも、結論から言うと、カントは「共和主義的統治」を行うためには必ずしも「王の不在」という要素は必要ではないと考えたからです。

ここまで論じてきたことから、カントが現実から遊離した理想ばかりを語ったユートピアンに思えるかもしれませんが、実は彼は理想的な政治形態の実現をかなり現実的・段階的に考察しています（網谷 二〇一八、一二六頁以下）。現実か理想かの二分法ではなく、両者の間にはグラデーションがあるのです。

具体的には、まず彼は究極的な理想としての政治形態（「叡智的公共体」）を、「純粋共和政」と表現しています。この政治形態においては、市民全員が政治に参加するのはもちろんのこと、そこでの立法は、将来世代を含めて市民全員が賛成するような、普遍的意志に基づくものとなります。またその執行に際しても、執行に関わる人間が完全に公平無私なものとして振る舞い、まるで法そのものが支配しているかのような状況が実現します。

もちろん実際の人間は常に不完全な存在であるため、こうした完璧な状況は実現しえないわけですが、少なくとも現実における政治形態（「現象的公共体」）は、この「純粋共和政」という基準から絶えず点検を受けることになります。純粋共和政の概念はこうした「理念」としての役割を果たします。

では現象界において実現可能な政治形態の中で最善のものは何かといえば、それは「真の共和政」ということになります。真の共和政が成立するための条件は二つあります。一つは「市民主権」、すなわち市民が立法に何らかのかたちで関与することであり、もう一つは「権力分立」、すなわち立法権と執行権が分離していることです。前者は共和政が民主政的要素を含むべきであることを含意しており、後者はルソーの「共和政」概念を明白に引き継いでいる部分です。特に後者に関しては、市民の代表が市民の代わりに法の執行を担うことが推奨されており、逆に立法に対しては国家元首が関与すべきではないとされています。

しかしながら、とりわけカントの生きた時代のプロイセン王国においては、いきなり民主政的要素を統治に取り入れることは現実的ではありませんでした。またカント自身も、この時期にはフランス革命の一連の混乱を耳にしていたので、革命のような暴力的な事態は避けたいと考えていました。そこでカントは次善の国制として、「君主による共和主義的統治」を提案することになります（同、一二六―九頁）。

つまり支配の形式が（プロイセン王国のように）君主政であったとしても、共和主義的に統治することは可能だというのです。君主が人民に代わって、成熟した人民が下すであろう政治的決定を下すのであれば、彼は共和主義的に統治していると言えます。ここでの「共和主義」という言葉は、「王の不在」を意味するものでないことはもとより、「混合政体」を意味するものでもありません。そうではなく、「公共の利益」を意味しています。つまり君主という存在が、公共の利益に適う支配を行うのであれば、それは「共和主義的統治」として許容できるということです。

もちろんパターナリズムを批判したカントにとって、この「君主の共和主義的統治」はあくまでも暫定的なものとして許容されていました。そもそも君主が共和主義的統治を行うか否かは君主の善意一つにかかっているため、その下で臣民は他律の状況に置かれることになってしまいます。したがって君主は「共和主義」的統治から真の「共和政」へと移行する義務を常に有しています。

にもかかわらず、ここで重要なのは、カントが「共和主義」概念を「王の不在」という要素から明確に切り離したことです。歴史上、「共和主義」という言葉は王室廃止論者の立場を指すものとしてしばしば使用されてきました。しかし、これまで見てきたように、カントの共和主義思想にはより豊かな内容が含まれています。そしてこうした共和主義思想は、後に触れるヘーゲルにも受け継がれていきます。

3　民主主義と共和主義の逆転

†ベンサムの民主主義

カントとほぼ同時代の一八世紀末から一九世紀初頭にかけて、対岸のイギリスでは政治思想史上の重要な転機が訪れていました。第2章で見たように、ベンサムは刑法という〈枠組み〉の下で、個々人がおのおのの悟性を使って快楽を追求することにより、おのずと社会秩序が保たれるような自由主義的な制度設計を構想しました。また〈枠組み〉によって個人の行動を規制するという同様の発想からパノプティコン型監獄を案出し、実際にこのアイディアを採用するように、政府に積極的に働きかけていきます。

しかしながら、政府がその重い腰を上げることはありませんでした。ここでベンサムは、「人間は正しいことを知っていたとしても、正しいことを行うとは限らない」という問題に直面します。彼は特にこうした改革を阻んでいる要因を、支配階層の「邪悪な利益」に見いだしました（スコフィールド 二〇一三、一二五頁以下）。邪悪な利益とは、公共の利益を犠牲にすることによって得られる特定の集団だけの利益のことです。

こと刑法に関しては改革案を提唱していたベンサムでしたが、政治についてはどちらかといえば保守的でした。彼は当時のイギリス名誉革命体制が少数の貴族によって主導されていたことを、もともとは特に問題視していませんでした。しかしながら、実践における挫折を経験するなかで、彼は「邪悪な利益」に囚われた既得権益層が政治を独占する限り、「最大多数の最大幸福」を実現するための改革はなされないという確信に至ります。

そこで特に一九世紀に入ってから、ベンサムは「民主主義者」になったということが言われます。ただし彼の民主主義論は、実は初期の刑法理論の延長にありました。すなわち彼は、「各人は自らの利害の最良の判定者である」という前提から出発していたのです（福田 一九八五、四五七頁）。「何が自分の快楽を増大させるのか」ということを誰よりもよく知るのは自分自身です。刑罰だけでなく政治に関しても、民衆は「何が自分たちにとって利益になるのか」を自分で判断することができます。このようにありのままの民衆の判断を肯定する立場から、ベンサムはイギリスにおける普通選挙制度の実現を主張し、「哲学的急進主義」と呼ばれる政治的党派を理論的に牽引《けんいん》していくことになりました。

†ベンサムの共和主義

しかしながら、ベンサムの政治思想の進展はここで歩みを止めませんでした。というのも、彼がイギリスにおける民主主義の実現をいくら主張したところで、当の民衆が聞く耳を持たなければ意味がないからです。実際、ベンサムが民主主義の実現は民衆に利益をもたらすと信じたにもかかわらず、民衆は哲学的急進主義の波を歓迎するどころか、むしろ大半が伝統的なイギリス名誉革命体制を固守する側に回ります（哲学的急進主義の運動が選挙権の拡大へと結実したのはベンサムの死後、一八三二年のことでした）。

民衆はなぜ民主主義を採用しようとしないのか。この新たな問題にぶち当たったベンサムは、その原因を民衆の「偏見」に求めることになります（同、第五章）。彼はこの「偏見」という概念を、ロウソクに触れる子どもの例で説明しています。

火のついたロウソクに触るとやけどをするという知識を持たない幼児は、ロウソクにともる綺麗な炎が自らに快楽を与えてくれると錯覚し、その炎に手を伸ばします。この例が示しているのは、「各人は自らの利害の最良の判定者である」とは限らないということです。「飛んで火にいる夏の虫」ですら、決して自殺願望があって火に飛び込むわけではありません。それは走光性という自らの本能に従った行動なのです。

同じように民衆もまた、彼らに利益をもたらすところの民主主義の実現を願うとは限りません。ありのままの民衆の意見を集めたところで、それが「一般意志」に合致したものとなるとは限らないのです。なぜなら民衆はイギリス名誉革命体制が最良の国制であるという「偏見」に囚われており、自らの利害を正しく判断できない状態にあるからです。このように、ベンサムは初期の刑法論から続く自らの理論的前提に大幅な修正を加えることになりました。

この「偏見」は、ある意味では「邪悪な利益」以上に厄介なものです。「邪悪な利益」を共有することのできる人の数は限られています。もし人民全体が共通の「邪悪な利益」に囚われるようなことがあれば、それはもはや「公共の利益」になるからです。それに対して「偏見」は、人民全体を覆い尽くす可能性があります。やはり「人民による統治」が「人民のための統治」になるとは限らないのです。

そこでベンサムは、人民は「知的弱さ」を克服する必要があると説きます。ここにベンサムの共和主義思想が表れています。彼は一八二〇年代以降、もはやありのままの民衆による自由放任な快楽の追求を肯定することはありませんでした。代わりに彼は、「専門家の権威」を重視することになります。この「専門家」の中には、もちろん法学者である彼自身も含まれています。

政治学者がどれだけ声高に民主主義の重要性を叫んだところで、民衆が聞く耳を持たなければ何の意味もありません。このことから言えるのは、民主主義を守るためにこそ共和主義が必要であるということです。ポリュビオスが警告したように、非民主的な政体の下で辛酸を舐めた世代が退場し、生まれたときから当たり前に民主主義を享受している世代が割合を増すにつれ、民主主義のありがたみというものは失われていきます。またカントも述べた通り、人間には常に判断を誰かに丸投げしたいという欲求がつきまといます。民主主義は単独ではそれだけ脆い政治体制なのです。

政治学者が書いた『民主主義を疑ってみる』などという本を手に取るのは、そもそも元から「賢くある勇気」を持っている人に限られるでしょう。民主主義思想はあらゆる意見を等価のものとして扱うのに対し、共和主義思想は政治に携わる者が専門家の意見を参考にするという契機を含んでいます。しかしベンサムの二度目の挫折から得られる教訓は、ありのままの民衆はそもそも専門家の意見に興味すら示さないということです。民衆が判断を一任するのは、学問に通じた鼻持ちならない専門家集団ではなく、むしろ学問などというものによって穢されていない自分たちの代弁者です。

民主主義だけでは民主主義を守ることはできない。「民主主義を擁護する」という行為にはそのようなジレンマがつきまとっています。

†過渡期としてのJ・S・ミル

キケロの政治思想においては、「民主政」は「共和政」という政治体制を構成する一要素にすぎませんでした。しかし、これ以降で見ていくように、選挙権の拡大が進むにつれ「民主主義」が自明の前提となるなかで、民主主義と共和主義の関係は逆転していきます。その過渡期に位置づけられる思想家として、J・S・ミルの名を挙げることができます。

ミルは基本的に選挙権の拡大に賛成の立場でしたが、「一人一票」という今日の民主主義の大原則を受け入れたわけではありませんでした。彼は代わりに、知性の指標を職業に求め、それに基づく「複数投票制」を提案しています。

具体的には、「不熟練労働者に一票、熟練労働者に二票、労働者を監督する地位にある者に三票、農園主、工場主、商人に四票、法律家、医師、牧師、文人、芸術家、官吏に五乃至《ないし》六票を与えること、また大学卒業者や一定の資格試験の合格者に複数投票権を与えること、さらに職業を問わず高度の知性を有する人々に複数投票権を与えるために一定の試験を定期的に行なうこと」というのが彼の試案でした(山下 一九七六、一九八―九頁)。

振り返ると、共和政ローマにおいては、家柄のよい貴族だけが元老院議員を務めることを許されていました。それは先祖代々政治の実務に深く関わってきたからこそ、貴族には平民よりも政治リテラシーがあると信じられていたためです。また選挙法改正下のイギリスにおいては、財産を所有していることが、政治リテラシーを備えていることの目印とされてきました。

職業によって政治リテラシーの差があると想定し、その政治リテラシーの高低に応じて割り当てられる票の数に傾斜をつけるというミルの発想は、まさに民主主義の過渡期における共和主義的な議論と見ることができます。その意味で、彼の政治思想はまだ、少なくとも制度上はあらゆる政治的意見を等価のものとしてカウントするという意味での完全な民主主義には到達していませんでした。

ただし、他方で彼は、投票を通じて政治に直接携わる経験や、あるいは公教育の普及によって、来たる選挙法改正で新たに選挙権を獲得することになる労働者階級の公共精神が陶冶されていくことにも期待していました(ミル 二〇一九、六三―四頁参照)。彼は全員が投票権を有する状況を前提とし、そのうえで政治に関わる市民を、かつての貴族や富者のように政治リテラシーを有する者へと変えていこうとしたのです。

政治リテラシーの有無によって政治的権利に不平等が生じるという意味では、彼の議論は共和主義的な側面を有しており、民主主義思想としては不完全な点が残りますが、にもかかわらず、この民主主義的諸制度にふさわしい市民を何らかのかたちで涵養していこうとする発想は、シティズンシップ教育論をはじめとする後の共和主義思想へとつながるものだと言えます。

4　隠された共和主義の伝統

†ヘーゲルの遺産

J・S・ミル以降のイギリスにおける共和主義思想の展開を知るためには、一度ドイツに戻って哲学者ヘーゲルの政治思想を見ておく必要があります。

普通「共和主義」の歴史を描くとき、ヘーゲルの名前が出てくることはほとんどありません。というのも、彼の時代においては「共和主義者」という言葉は「王政廃止論者」と同義であり、一方でヘーゲルは青年期を除いて、その意味での「共和主義者」であったことはなかったからです。

しかし、キケロを出発点とする共和主義思想が、ルソーやカントを経由して、シティズンシップ教育論に代表的なかたちで現代に甦るまでの途上で、ヘーゲルという思想家を経たことは特段重要な契機でした。歴史哲学というヘーゲル自身のアプローチに基づいて、現代の「共和主義」という理念から西洋政治思想史を再構成しようとすると、彼が「共和主義」という言葉を使っていないにもかかわらず、その議論が共和主義思想を現代に伝えるための媒体になっていることが分かります。

ヘーゲルの共和主義思想を概観するにあたり、まずは彼の哲学的な前提を確認しておきましょう。彼は「弁証法《ディアレクティク》」という独自の枠組みによって精神の発展を捉えました。

図4-4　ヘーゲル

難解なことで知られる彼の弁証法哲学ですが、それによると、精神というものは「正《テーゼ》」、「反《アンチテーゼ》」、「合《ジンテーゼ》」の三つの段階を経て発展していきます。その際、アンチテーゼはテーゼの否定であり、ジンテーゼはアンチテーゼの否定なわけですが、それぞれ前の段階の要素を完全に廃棄してしまうわけではなく、次の段階に進むにあたり、精神は前の段階の要素を自らのうちに保存（「止揚《アウフヘーベン》」）しながら進んでいきます。

例えば、二人の仲の良い子どもがいたとしましょう。出発点にあたるテーゼは「仲良し」の状態です。このテーゼの段階においては、二人は何をするにも意気投合し、一心同体の未分化な状態にあります。

しかし、この二人はあるとき「仲違い」を経験します。これは「仲良し」の否定なので第二段階のアンチテーゼにあたります。この「仲違い」の経験を通じて、二人はお互いが別個の存在であることを自覚します。ここで初めて「個性」というものが意識されるのです。

そして、最終的に二人は「仲直り」をしたとしましょう。これは「仲違い」のさらなる否定なので、第三段階のジンテーゼにあたります。ここで、「仲良し→仲違い→仲直り」というプロセスをすっ飛ばして第一段階と第三段階を比べると、一見どちらも同じ「仲良し」の状態に見えます。しかしながら、右のプロセスを踏まえると、二人は「仲違い」という第二段階を経ることで、第一段階よりもさらに強固な友情によって結ばれていることが分かります。また、その意味では「仲違い」という一見ネガティヴなプロセスを経ることにも意味があったと見ることもできます。

こうした観点から、ヘーゲルは物事を評価するときにその「歴史」というプロセスを観察することの重要性を強調します。そして、ペロポネソス戦争後のアテナイにおいてソクラテスが試みたのは、まさにこの「対話《ディアレクティク》」でした。すなわち敗戦後の混乱から、それまでの伝統《ノモス》をどこかよそよそしいものとして感じ始めていたアテナイ人たちは、ノモスとの間でいわば「仲違い」を経験していたのです。

しかし、このままではポリスが解体していってしまう。そう考えたソクラテスは、哲学を通じて現行のノモスの中に合理性を見いだすことで、もう一度ノモスとアテナイ人たちとを「仲直り」させようとしたのでした。もし「仲直り」に成功すれば、アテナイ人たちの遵法精神は、伝統をただ伝統だからという理由で惰性的に従っていたそれまでの状態と比べて、より強固なものとなるだろう。そう期待したソクラテスは、「一度疑ってみる」という方法を通じて、ノモスを哲学によって新たに基礎づけ直そうとしたわけです。

†止揚される市民社会

さて、ヘーゲルはこの弁証法というアプローチによって、人間精神の具現化たる「人倫」の発展も説明することになります。「人倫」とは、端的に言って、人間の集団生活のあり方のことですが、人間の集団というのは「家族」（テーゼ）、「市民社会」（アンチテーゼ）、そして「国家」（ジンテーゼ）という順に発展していくとヘーゲルは言います（ヘーゲ

ル 二〇二一、下)。

まず人間は「家族」という集団の中で産声をあげます。家族とは、愛という感性的一体性に基づく結合であり、そこで幼子は自分の従う集団(「実体」)と自分自身(「主体」)との対立を特に感じることなく、親の言うことに従って大きくなります。この家族という集団は、主体が実体からまだ分化・析出していない状態として説明されます。

しかしながら、子どもはやがて家族から自立します。これは主体が実体から分離し、「個」が確立する契機として見ることができます。そして家族から独立した個人は、「市民社会」の段階に入っていきます。

この市民社会にはいくつかの側面がありますが、例えばそれはヘーゲルが「欲求の体系」と呼ぶような、各人が私利私欲を満たし合う「市場経済」としての側面を持ちます。またベンサムの構想にもあったように、各人が刑罰と犯罪のもたらす快苦を比較考量することで全体の秩序が保たれるような「司法」もこの段階に含まれます。いずれにしても、個人が悟性を駆使して狡猾に自己利益を追求するのがこの市民社会という段階の特徴です。そして個人にとって市民社会のルールとは、一方的に押しつけられたものであり、あくまでも自己利益に利する限りにおいて従うべきものとなります。

ですが、この市民社会の段階にとどまってしまうと、経済的格差は無限に広がり、国民は富者と貧者に引き裂かれ、放っておけば共同体そのものが解体しかねません。そこで人倫は「国家」の段階へと進むことになります。第一段階の「家族」においては、実体と主体は未分化の状態にありました。第二段階の「市民社会」においては、実体と主体は対立した状態にありました。そしてこの第三段階の「国家」に至り、実体と主体は再び弁証法的に統一されることになるのです。

†ヘーゲルのロマン主義批判

ここで重要なのは、ヘーゲルにとっての「国家」があくまでも「市民社会」という段階を止揚した人的結合であるということです。つまり個性が確立したあとの人間が、自分の頭で考えて納得したうえで従うのが「国家」ということになります。これが親の言うことを子どもが特に吟味せずに従っている「家族」との大きな違いです。

ヘーゲルがなぜこうした議論を展開したのかといえば、それは当時のドイツにおいて、ナポレオンがもたらした近代憲法をどう受け止めるかという問題があったからです（権左二〇一三、九二頁以下）。この時代にはすでにフランス革命の混乱はナポレオンの独裁によって収束しており、そして彼が仕掛けた戦争にドイツは敗北し、その実質的な占領下でドイツの諸邦が近代的で自由主義的な憲法の採用を余儀なくされていました。当時のドイツはれていたのです。

とりわけ商業の面でフランスに後れを取っており、依然として封建的な憲法が広く採用さ

このフランスから押しつけられた憲法に強く反発したのがドイツのロマン主義者たちでした。第1章で見たように、彼らは近代化の波にさらわれようとしている中世封建社会に憧憬の念を抱いていました。そして「本来のドイツ」は、私利私欲にまみれた個人が狡猾に振る舞う商業社会にではなく、近代以前の家父長制支配に基づく古き良き神聖ローマ帝国にあると考えました。また個人の側から見ても、親に対する子どものように、ドイツというまとまりを一つの家族だと思って、国民の父たる国王に疑いを差し挟むことなく黙従する愛国心こそが、フランスから独立した強国ドイツ復活の鍵であるとしたのです。

しかしロマン主義者たちのこうした主張は、人倫の弁証法的発展をめぐるヘーゲルの議論に則してみれば、単なる幼児退行にすぎません（小野 二〇一五、三〇六頁以下参照）。ヘーゲルはナポレオンの侵攻によってドイツに移植された近代的な憲法をむしろ歓迎していました。なぜならそれは封建的なドイツに「個の確立」をもたらした憲法だったからです。そして自立した諸個人が理性的に考えたうえで、国家に従うことに合理性を見いだし、そこから愛国心が生じるとすれば、国家はより結束力の高いものとなるでしょう。国家に対する「盲目な愛」よりも、「理性の段階を経た愛」のほうがより強固だというのです。

だからこそヘーゲルは、欲求の体系としての市民社会を頭ごなしに否定しませんでした。その意味で近代的な憲法を廃棄しようとするロマン主義者の反動的な態度は受け入れがたいものです。しかし、かといって、資本主義社会における自由競争にすべてを委ねておけば万事うまくいくわけでもありません。だからこそ市民社会の段階は止揚され、「国家」というより高次の段階に進む必要があるのです。

†混合政体としての立憲君主政

では、ヘーゲルはいったいどのような「国家」像を描いていたのでしょうか。結論を急げば、ヘーゲルの描いた「国家」とは、混合政体としての特徴を持つものでした（権左 二〇一三、一三五―六頁）。

この点でヘーゲルは、プラトンよりもアリストテレスに近いと言えます。というのも、彼は人間の「理性」という能力が現実を超越して「理想的なるもの」を感得することができると考えたカントを批判し、むしろ現実の中に「理想的なるもの」を見いだそうとしたからです。特に彼が理想的な国家のあり方と考えたのは、当時イギリスで採用されていた「立憲君主政」という政治形態でした。

ヘーゲルによると、立憲君主政は「君主権」と「執行権」と「立法権」という三つの要素によって構成される混合政体です（ヘーゲル 二〇二一、下、二四五頁以下）。これをポリュビオスやキケロの共和政論に即して理解するならば、君主権は王政的要素に、執行権は貴族政的要素に、そして立法権は民主政的要素に対応していると言えます。

まずヘーゲルは君主権に関して、「世襲君主政」を支持しています。イギリスとは異なり、ドイツのロマン主義者たちが憧憬を抱くかつての神聖ローマ帝国においては「選挙君主政」が行われていました。しかし、こうした制度は、政争による国家の分裂につながりかねません。そこでヘーゲルは、国家には何ものに対しても責任を負わない、主権を有する世襲の君主が存在すべきだと考えます。このように主権の所在を明確化するだけでなく、安定させることを重視したヘーゲルは、「王の不在」という共和主義の典型的な要素を拒否することになりました。ヘーゲルが通常共和主義の思想家とみなされない理由はここにあります。

ただし、ヘーゲルは「絶対君主政」を支持したわけではありません。命令を下すのは君主権を有する者の役割ですが、実質的な決定を行う「執行権」を有する存在は君主とは別にいます。ヘーゲルは、君主によって任命される助言職、すなわちイギリスで言うところの複数の大臣からなる「内閣」が君主の代わりに政治的決断を行い、またその決断に責任を負うべきであるとしました。また、人倫との関係で言うと、この執行権は特殊利益に傾きがちな市民社会を公共の利益へと連れ戻す役割を担っています。

しかし、話はここで終わりません。市民社会は一方的に政府によってコントロールされる存在ではないのです。その代わりに、市民社会を代表する「議会」が、「立法権」を担います。この「議会」という機関は、執行権による権力濫用を監視する市民社会と国家とをつなぐ「中間項」としての役割を任されています（権左二〇一三、一三八―九頁）。

この議会という媒体を通じて、国民は国法の中に自らの意志を反映させることになります。ヘーゲルの用語法に即して言えば、議会が「主体的・形式的自由の契機」となるのです。国民は、現行秩序の中に合理性を見いだすだけでなく、自らが合理的と考えるものを秩序の中に反映させていくことにより、「自分の生き方を自分で決める」という意味での自由と、法に対する服従とを両立させることができます。

逆に言うと、こうした機会が一切断たれた国家、ロマン主義者が理想とする、父のような存在として慈悲深く一方的に国民を統治する国家というのは、ヘーゲル的な意味での「国家」とは呼べません。このような意味で、ヘーゲルの「立憲君主政」をめぐる議論は、実はキケロやカントの「共和政」概念と連続性を有するものであると言えます。すなわち国民の「自由《リベルタス》」という契機を善き統治に不可欠な要素として数えているわけです。

一方でヘーゲルは、フランス革命の目指した「民主政」に対しても拒否反応を示しています。「能力や権威のいっさいの区別」を廃絶しようとするフランス革命は、社会の中に「特殊なもの」の存在をまったく許容しない「狂信」として指弾されます（ヘーゲル 二〇二一、上、七二―三頁）。ヘーゲルは民衆が直接統治のあらゆる要素を担当すればうまくいくとも考えていなかったのです。このように「命令権」「権威」「自由」というキケロの提示した共和政を構成する要素を含む混合政体という構想を、「共和政」や「共和主義」といった言葉を使わずに後世に伝える役割を果たしたのが、このヘーゲルという思想家でした。

†海を渡るヘーゲル

このヘーゲルの共和主義思想を第二回選挙法改正以後のイギリスに輸入し、衆愚政のリスクや自由放任主義の弊害といった問題に対処しようとしたのが、T・H・グリーンという哲学者でした。彼はドイツ観念論哲学をイギリスで受容したことから、イギリス観念論の始祖としても知られています。

観念論哲学に依拠したグリーンの政治思想の前提は、現世には一般意志の内容を完全に把握しうる人物や集団は存在しないということです（梅澤 二〇二〇、五一頁以下）。彼はルソーから受け継いだ「一般意志」の概念以上に、それが志向する「共通善（common good）」という概念にこだわりますが、このあらゆる人びとにとっての共通善の内容を、洞窟の外に出て特権的に知りうる哲学者のような人間は存在しません。

共通善に関する知識に差があるとしても、それは量的なものにすぎません。なぜなら、たとえ哲学者とはいえ、現実は感性というフィルターを通して把握されるものであり、そこから精神の能動的な働きによって創出される「観念」も、大なり小なり現実を歪んだかたちで把握したものにすぎないからです。このような観点から、グリーンは民衆を政治から排除する哲人王支配のような独裁的な統治形態を拒絶します。

しかし他方で、グリーンは神の「内在性」を強調します。彼にとって、神とは現実世界を超越した存在ではなく、むしろ人間は誰もが神性の種を自らのうちに胚胎しています。イエスでさえ現世に存在したわけで、人間は限りなく神のような完璧な存在に近づくポテンシャルを秘めています（Mander 2011, 143-7）。逆に言うと、人間としての完成度は神との距離で測られることになり、量的な差ではあるものの、個々の人間によって完成度は異なることになります。それゆえグリーンの世界観は、民主主義が依拠する〈等価性の世界〉とはほど遠いものであると言えます。

図4-5　T・H・グリーン

にもかかわらず、第二回選挙法改正によってさらに歩を進めた民主主義的諸制度の完成をグリーンは歓迎しました。というのも、それによりすべての人間に自己完成のチャンスが開かれるからです。アリストテレス以来の伝統的な西洋政治思想がそう考えてきたように、グリーンも「自分の運命を自分でコントロールする」という生き方を、人間にふさわしい生き方として推奨していました（梅澤 二〇二〇、五三―五頁）。

しかしながら、ただ制度としての民主主義を採用すれば、自動的に「善き統治」が実現するとは考えなかった点においては、グリーンはミルと共通していました。民主主義という政治制度は、それにふさわしい市民によってこそ正しく運用されうるのです。ここで彼の理想的市民像に関する議論、すなわち「シティズンシップ論」が出てくることになります。

†グリーンの「知的愛国者」論

グリーンはヘーゲルと同じように、個人と国家の関係のあり方を三つに分けて考察しています（同、五九頁以下）。まず国家に対する個人の服従のあり方は、「奴隷の従属」と「政治的従属」とに区別されます。前者は暴力的支配による恐怖から、個人が集団に従っているような状態です。これはヘーゲルにおける家族とその成員との関係とは厳密には対応していませんが、盲目的な愛から従うにせよ暴力への恐怖から従うにせよ、人びとの「感性」に訴えかける支配であることには変わりありません。

そしてこうした服従のあり方は、いかなる意味においても「政治的従属」とは呼べないとグリーンは断じています。つまり純然たる恐怖による支配は「政治」と呼ぶに値しないのです。しかし、統治を安定したものにしようと考えるのであれば、国家は「奴隷の従属」を「政治的従属」へと変えていく必要があるとグリーンは言います。

そして重要なことに、この「政治的従属」の主体はさらに細分化することができます。それが「忠実な臣民」と「知的愛国者」という二種類の主体です。ここでグリーンは、共和政ローマと帝政ローマという二つの歴史的事例を挙げて、両者の違いを説明しています。

グリーンによれば、まず古代の帝政ローマは、「忠実な臣民」を「知的愛国者」へと変えることに失敗したために弱体化し、異民族の侵略を許して崩壊してしまいました。帝政ローマは民衆を政治参加からほとんど排除していました。そのためローマの臣民にとって、法律とは皇帝という他者から下されるよそよそしい命令にすぎませんでした。カントの用語を用いるならば、ローマの臣民は「他律」の状態に置かれていたのです。

こうした状況の下で臣民が「国家」というものを意識するのは、徴税など、自分自身の利害関心に直結するような問題が浮上する際に限られます。「忠実な臣民」は、自己利益に資する限りにおいて、国家に従ってくれます。国家が国内の秩序を守り、その下で「パンとサーカス」や繁栄を享受できる限りは、「忠実な臣民」は計算能力としての悟性を駆使して、服従を選択します。

しかしながら、このような主体はいざ国家が危機に瀕したときに、積極的に国家を助けてくれるような存在にはなりえません。なぜなら「忠実な臣民」にとって国家とはあくまでも「他者」であり、沈みゆく泥船からは脱出してしまえばよいからです。

かといって、泥船とともに心中するだけの従順な奴隷もまた、国家の危機に際しては何の役にも立ちません。そこでグリーンは、帝政への移行とともに失われてしまった「知的愛国者」というもう一つの主体に目を向けます。

「知的愛国者」とは、ただ国家という実体に対して盲目的な愛を表明するだけの自我のない主体とは異なり、国家を内側から改善しようと努力する主体のことです。国家が共通善の道から外れようとしたとき、この「知的愛国者」は「抵抗の義務」を自覚し、為政者への諫争《かんそう》を通じて、国家を正しい道へと戻そうとします（同、五五頁以下）。

もちろんこうした主体は「忠実な臣民」とも異なります。「知的愛国者」は国家を愛するがゆえに、国家が落ちぶれたときはそこから離れてしまうのではなく、国家に積極的に働きかけるような主体です。それは国家の命令に付き従うだけの主体ではなく、むしろ国家を先導するような主体です。実際、国家のあり方を根本的に変えてしまおうとするカエサルのような政治家が出てきたときに、率先して国を守ろうとしたのはキケロやブルートゥスといった共和主義者たちでした。

こうした共和主義的な愛国者たち、自律した存在として理性を行使し、国家という実体の中に自らの意志を反映させようと試みるような人たちを失ってしまったことが、ローマの崩壊につながった。グリーンはそのように考えました。ただ民主主義的諸制度を採用しただけでは国家は安泰とは言えず、自由市場経済の下で私的利益の追求に没頭する「忠実な臣民」ばかりでは国家は解体してしまう。だからこそ、「知的愛国者」としての市民を涵養していく必要があると彼は考えたのです。

†ラスキの「多元的宇宙」論

グリーンの共和主義的政治思想を二〇世紀前半のイギリスで継承し、歴史意識とシティズンシップの関係を考察したのがハロルド・ラスキ（一八九三―一九五〇）という政治学者でした。

ラスキはグリーンの哲学的前提を「一元論」として批判しました（同、一八六頁以下）。というのも、グリーンは「共通善とは何か」という問題に対する答えは究極的には一つで

図 4-6　ラスキ（写真：PA Images/アフロ）

あると考えたからです。先述の通り、グリーン自身は少なくとも現世にはこの答えに完全に到達しうる主体は存在しないとしていましたが、それでもこの「共通善」という観念が認識の所産である限りは、それを認識する主体が存在しなければなりません。そこでグリーンは、「永遠意識」という形而上学的な主体を仮定することになります。

簡潔に言ってしまえば、この「永遠意識」というのは「神」と同じような概念です。つまり神様のような存在がいたとしたら、その神様は「共通善（みんなにとって善いこと）とは何か」という問いに対する唯一の答えを知っているだろう。しかし現実の人間は神様ではないから、その答えを完全なかたちで知ることができない。では、どうすればこの答えに近づくことができるか。このような前提からグリーンは自らの議論を出発させました。

それに対してラスキは、「多元的宇宙」論という立場をとることになります。要するに、「真理」というのは一元的なものではなく、多元的に存在するものであるという立場です。真理が意識の所産にすぎないとしたら、真理は意識（を有する人間）の数だけ存在する。このような観点から、ラスキは「永遠意識」のような形而上学的な概念を廃棄し、真理の多元性を説くことになります。

しかし、ここで重要なのは、ラスキが決して「真理」というものの存在を否定しなかったことです。この点でラスキの多元的宇宙論は、真理の存在自体を否定するニヒリズムのような立場とは異なります。ラスキによれば、「自己完成」のあり方というのは一様ではなく、人によって異なります。したがって人間は、各人の「完成」を目指して、おのおのが「正しい」と思うことを追い求めていく。ラスキは人間というものをこうした存在として捉えることになります。

†ラスキの「思慮なき服従」批判

以上のような観点から、ラスキが民衆の「思慮なき服従」を批判するとき、彼は意図せずしてヘーゲル的な図式にはまり込むことになります。

一般的な用語法で「思慮なき服従」と言ったとき、もちろんそれはさまざまなことを意味しうるわけですが、ラスキが特に政治との関係で問題視しているのは、歴史というものにまつわる「思慮なき服従」です。

ラスキによれば、歴史とは、合理的なものがだんだんと明らかになっていく過程ではありません（同、一九九頁以下）。例えばウィッグの思想家たちは、イギリスの現行制度というのは先人たちの叡智の結晶であり、それが経た長い歴史の試練の分だけ合理的なものになっているはずだと考えました。しかしラスキは、このような歴史観は、市民の積極的な態度を委縮させてしまうと言います。

というのも、すでに現行制度が合理的なものを体現しているのであれば、市民一人一人が政治に積極的に働きかける必要もないからです。市民はただただ慣習に従ってさえいればそれでよいということになってしまいます。実際に慣習が合理的なものであるかどうかは措いておいたとしても、こうした歴史観からは市民の能動的な態度（能動的シティズンシップ）は生じえません。

そこでラスキは、まずは人びとが慣習に対して惰性的に従うことをやめなくてはならないと言います。というのも、人間とは神のごとき不可謬の存在ではなく、誤りうる存在であり、したがってその人間による営為の積み重ねである歴史もまた、合理性を体現しているとは限らないからです。すなわちヘーゲル用語に即して言えば、人間は歴史という実体に埋没するのではなく、そこから主体を引き剝がす必要があります。

そして歴史的な伝統を所与の前提として捉えるのではなく、それを一度括弧に入れたうえで、市民は伝統や慣習を吟味していかなければなりません。ラスキは、人間は「真に必要な制度」と「単に慣れ親しんできただけの制度」とを混同する傾向があると言います

（ラスキ　一九八〇、三七七頁）。人間が同じ行動を繰り返すなかで、徐々に人為的な慣習が「自然」と錯覚されるのはよくあることです。しかし、一度伝統や慣習をよそよそしいものとして捉え直し、実体との「対立」を経験することで、人間は「主体」として析出されることになります。この「主体」が確立していなければ、慣習を吟味するなどそもそも無理な話です。

そしてラスキは、ここでグリーンのシティズンシップ論を継承し、「反乱は市民の義務である」と力説します。つまり現行制度が合理的なものとなっていないときには、「反乱」というかたちで国家に働きかけることにより、現行制度を変えていかなければならないと言うのです。

ただし、ここでラスキは、「盲目的憤怒」と「市民の義務としての反乱」とを明確に区別しています。というのも、反乱を起こすにしても、明確なヴィジョンが伴っていなければ意味がないからです（ラスキ　一九五二、上、四四頁）。各人が何をもって「正しい政治」や「正しい国家のあり方」と考えるのか。こうした共通善に関するヴィジョンがなければ、反乱も子どもが駄々をこねるのと大差ありません。このように反乱は、あくまでも共通善の内容に到達しようとする努力によって基礎づけられなければなりません。

ラスキの生きた時代のイギリスにおいてはついに普通選挙が実現しますが（一九二八年）、

このように制度的民主主義の完成を前提として、そこから民主主義にふさわしい主体をいかにして形成しうるかという問題に取り組んだのが、このラスキという人物でした。彼はルソーの「一般意志は代表されえない」という民主主義的な前提を重視しながらも（梅澤二〇二〇、一八六頁以下参照）、決してありのままの民衆の姿を肯定したわけではありませんでした。

彼は民衆が政治リテラシーに磨きをかけ、「市民」へと成長していくことを想定していたのです。その意味で、彼の政治思想には純粋民主主義的な要素のほかに、共和主義的な要素を看取することができます。政治的意見の質的な差異を認めるからこそ、民衆の成長に期待することができるのです。

このようにラスキの政治思想には、制度としての民主主義を実質的なものとするための共和主義的要素が含まれていました。彼の政治思想は現代のシティズンシップ教育を考えるうえでもとりわけ示唆に富むものであると言えます。

5　共和主義と日本

†忠誠と反逆

これまで古代ローマに始まり、フランス、ドイツ、イギリスといった欧米諸国で受け継がれてきた共和主義思想史の一面を見てきました。では、このような政治思想は今日の日本を生きる私たちにとって無縁なものなのかといえば、決してそうではありません。とはいえ、こうした思想が現代においては長らく失われてきたことも事実です。

ここでは丸山眞男の『忠誠と反逆』という著作に沿って、日本精神史の中に共和主義的伝統を探ってみたいと思います。というのも、そこには（丸山自身のテクストにおいてもそうですが）「共和主義」という言葉は登場しないものの、共和主義的な発想を見いだすことができるからです。

古くから中国より日本に伝来した儒教には、「君、君たらずとも、臣、臣たらざるべからず」という教えがあります。この教えは本来、「たとえ主君が尊敬に値する立派な人物でなくとも、家臣は恭しく従うべきだ」という、主君に対する家臣の阿諛追従《あゆついしょう》を説くものではありません。むしろ主君が暴君に転ずるときは、家臣は主君を見限ってしまうのではなく、「主君へ向かっての執拗で激しい働きかけ」を通じて、「君を真の君にしていく」ことが家臣としての忠義の尽くし方であることを説くものでした（丸山 一九九八、二五―六頁）。

江戸時代中期、天下泰平の世で失われゆくこうした倫理観を後世に伝えようとしたのが『葉隠』という書物でした。丸山はこの書物の中に、「這《は》ひ廻《まわ》りおぢ畏《おそ》れ、御尤《ごもつ》ともばかり申す」卑屈な役人根性に対する嫌悪感に裏うちされた〈武士のエートス〉を見いだします(同、二六—七頁)。武士たる者、主君が道を踏み外したときには、諫争という手段に訴えてでも、主君を正しい道へと連れ戻そうとする。これこそが武士のあるべき姿であり、ここには「忠誠心があるからこそ反逆する」という論理が見られます(同、五八頁)。このように〈武士のエートス〉にあっては、「愛国心」と「反乱」という二つの概念が対立するどころか、むしろ表裏一体の関係にありました。

†失われゆく〈武士のエートス〉

明治初期の自由民権運動は、まさにこのような〈武士のエートス〉の発現として捉えることができます。その理論的指導者であった植木枝盛《うえきえもり》(一八五七—九二)は、『愛国新誌』に寄せた「何ゾ封建世《ほうけんせい》ノ精神ヲ愛セザル」と題する論攷《ろんこう》の中で、「平民」と「良民」という二つの民のあり方を対比しています(同、七〇頁以下)。一方で「平民」とは、日々の生活に勤《いそ》しみ、政治には特に関心を示すことなく、知らず知らずのうちに政府の定める法に則して生きている民のことを指します。為政者からすれば、これほど御しやすい存在はないでしょう。

他方で「良民」とは、政治に積極的な関心を持ち、「独立自主ノ精神」に基づき、政治の現状に不正を見いだすときには、政府を批判したり、反対運動を展開したりする主体を指します。おそらく植木は、自らのコミットした自由民権運動も、この「良民」による行動として理解していたことでしょう。その意味で、丸山が植木の「良民」論の中に見いだした〈武士のエートス〉は、現代日本のリベラル・デモクラシーの精神的な礎になっていると言えます。

そして、この〈武士のエートス〉が表す精神的態度を、ヘーゲルの弁証法的な図式に当てはめるのであれば、そこには為政者や国家に自らを一体化し、国家を擬似家族的な団体として捉え、為政者に父のような存在を見いだし、国家の命令に唯々諾々と従うような態度は見られません。なぜなら反逆という行為は、統治機構としての国家という実体から個人という主体が分離していることを前提とするからです。

かといって、そこには「君、君たらざれば去る」（同、二六頁）という淡白で利己的な態度も見いだされません。なぜなら反逆という行為は、国家に対する忠誠、すなわち愛国心を前提としているからです。「良民」という主体は、国家の命令をよそよそしいものと感じ、自己利益の観点から仕方なく従い、国家の危機には我関せずの態度を貫く利己主義的な主体とは異なります。

実体と主体を分離したままにしておくのではなく、国家に対する積極的な働きかけを通じて自らの意志を反映させようとするのがこの「良民」という主体のあり方です。別言するならば、自分の考える「正しい国家」のあり方を、「現にある国家」の中に実現していこうとする態度、これこそが共和主義思想における政治に携わる主体のあるべき姿であり、その意味で共和主義的シティズンシップは〈武士のエートス〉とも大いに重なる部分があると言えます。

しかしながら、このような〈武士のエートス〉は現代日本においては大部分失われてしまいました。丸山はその契機を、日露戦争前後における、明治維新を経験していない世代の台頭に見いだします(同、一一〇—七頁)。かつて自由民権運動に最年少世代として参加した思想家である田岡嶺雲《たおかれいうん》から見て、当時の若者の頭の中は身の回りのプライベートな事柄で占められていました。そこには政府に対する批判的な態度はおろか、公的な事柄への関心が入り込む余地すらありません。

他方で〈武士のエートス〉とは、自らの属する集団のよいところばかりを称賛する態度とも異なります。むしろ問題点を積極的に剔抉《てっけつ》し、それを修繕していこうとする態度のことを指します。愛国心があるからこそ反逆する。このようなロジックが今日においてはますます理解されなくなってきています。

†現代に生き続ける共和主義的制度

では今日の日本においては、共和主義的な要素は完全に消失したのでしょうか。たしかに〈武士のエートス〉はほとんど失われてしまったかもしれませんが、本章で論じてきた意味での「共和主義」の要素は、いまの日本にも随所に見いだすことができます。

ミルの「複数投票制」論でも触れたように、あらゆる意見を等価のものとみなす民主主義に対し、意見の質的差異を認めるのが共和主義であるとすれば、まず統治機構の面ですら、普通選挙制度の成立によって民主主義が完遂されたわけではありません。

例えば、立法と行政と司法のすべてを民衆が直接担っていた古代アテナイの民主政とは異なり、現代日本においては行政と司法はそれぞれ公務員試験や司法試験といった査定を突破した一部のエリートによって担われています。近年、これに対しては裁判員制度の導入や「くじ引き民主主義」の検討（吉田 二〇二一、瀧川 二〇二二）など、民主主義を立法だけでなく行政や司法にも徹底しようとする動きが見られますが、一方で専門性の高い複雑な職務はやはり専門的な知識を身につけたエリートによって担われるべきだという考えも根強くあります。

また、立法に関してすら、外国人参政権の問題はもとより、いまも昔も未成年には参政権が認められていません（その意味で、一八歳未満の人間が政治から排除されていた古代アテナイの民主政の中にも、この部分に関しては例外的に共和主義的要素を見いだすことができます）。これに対し、未成年に選挙権を認めないのはある種の「智者政《エピストクラシー》」であるとし、民主主義者は〇歳児にも選挙権を認めなければならないとする論者もいます（山口 二〇二一、一七四—一六頁）。民主主義という原理を徹底しようとすれば、当然こうした議論も出てきます。

また、共和主義的要素の残存は被選挙権の範囲にも及びます。古代ローマの元老院と同様に、日本にも政治リテラシーの有無（を表すとみなされる基準）によって議員資格が制限されている立法機関があります。それは参議院です。「良識の府」とも呼ばれるこの議院は、二五歳以上に議員資格が認められている衆議院に対し、三〇歳以上にしか議員資格を認めていません。これは身分でも財産でもなく、年齢に一定の「権威」が認められているためです。

以上のように、制度上の傾斜を認めるべきか否かは、私たちが原則的には民主主義的な制度の中に共和主義的要素をどこまで採り入れるべきかという問題に関わっています。手元に「民主主義」という物差ししか持っていないと、今日の政治制度のこのような側面が見えてこないのです。

†現代に生き続ける共和主義的精神

現代社会に見いだされる共和主義的要素は、なにも制度として現れるものに限られません。むしろ共和主義を支える主要な原理としての「権威」は、制度化されない社会的なエートスとしての側面がより重要であるとすら言えます。

本章では「権威」というものを「助言以上、命令以下」と定義づけてきましたが、法的強制力に裏づけられた命令ではないにせよ、傾聴に値する助言と考えられているものとしてまず思い浮かぶのは「専門知」です。今般のコロナ禍においても、学問的な知識に基づく専門家委員会の助言がある程度政府の政策にも取り入れられたのは生々しい記憶です。

しかし、まさに右の例においてもそうでしたが、今日ますますこのような「専門知」の存在は重視されなくなってきています。陰謀論と結びついて民衆の支持を得た政治家が、専門知を無視して政策を決定するという現象は、今日においては日本に限らず欧米諸国においても広く見られます。専門知を象徴する日本学術会議という団体も、民主主義を前にしてその地位を脅かされています。哲学者と民主主義の相性が悪いのは、どうやらソクラテス裁判の時代から変わっていないようです。

しかし当然のことながら、古代と現代の状況は異なります。民主主義を正当化する理論が誕生する前に、すでに民主政の実践が伝統として根づいていた古代アテナイに対し、中世以降長らく民衆の大半が政治から排除されていた近代ヨーロッパは、民主主義の導入に対してきわめて慎重でした。特に当時の保守派にとっては、民主政は衆愚政とほぼ同義であり、そのため民主政を支持する人びとは「いかに衆愚政を回避するか」という問題に取り組む必要があったのです。

そこでグリーンのような近代民主主義草創期の思想家が提示した解決策の一つは「教育」でした。すなわち普通選挙を前提としたうえで、いかに市民全体の政治リテラシーを引き上げるかが課題となったのです。ありのままの民衆が抱く意見をそのまま政治に反映させるのではなく、民衆の可塑性を前提としたうえで、「大衆」を「市民」に育てていく。このような発想はグリーンやラスキを経て、クリックに継承され、今日のシティズンシップ教育の理論的な基盤にもなっています。

クリックは、爾後《じご》のイギリスのシティズンシップ教育の方針にも影響を与えた一九九八年の政府答申「学校における民主主義とシティズンシップの教育」（いわゆる「クリック・レポート」）の中で「善き市民（good citizen）」と「能動的市民（active citizen）」を分けていますが（Advisory Group on Citizenship 1998; クリック 二〇〇四、一九六頁以下参照）、これはまさにグリーンの「忠実な臣民」と「知的愛国者」の区別、あるいは植木の「平民」と「良民」の区別に対応しています。つまりシティズンシップ教育は、ただ単に従順で善良な市民を生み出すのではなく、政府に能動的に働きかける市民を育むものでなければならない、とクリックは言います。

このクリックや、同じく現代シティズンシップ論の第一人者であるヒーターが「共和主義」という政治思想にたびたび言及するのは偶然ではありません（クリック 二〇〇四、ヒーター 二〇〇二）。彼らはリベラル・デモクラシーの弱点を補う要素としての共和主義に注目し、これをシティズンシップ教育論という一つの政治的実践のかたちへと昇華する試みにコミットしていると言えます。「共和主義」という表現自体はヘーゲルの段階で用いられなくなったものの、キケロ以来の共和主義的要素はその後もグリーン、ラスキへと脈々と受け継がれ、二〇世紀後半における共和主義の再発見を経て、クリックやヒーターに至って再び「共和主義」という名称が用いられることになりました。

†共和主義的シティズンシップ

社会の内部に政治リテラシーの質的な差異を認めると同時に、リベラル・デモクラシーを維持していくためには、誰もが政治リテラシーに磨きをかけていく必要がある。こうした共和主義的発想もまた、今日においては風前の灯火となっています。「まえがき」でも触れたとおり、学校教育におけるシティズンシップ科目は、ますます周縁的な地位に追いやられています。

誰もが市民になれるのが民主主義であるとするならば、誰もが（立派な）市民になれるとは限らないのが共和主義です。なぜなら政治的意見の質を区別しないのが民主主義であるのに対して、区別するのが共和主義だからです。共和主義においては誰もが何らかの政治的役割を果たしますが、その役割は個人個人で異なります。先に見たとおり、共和主義のそうした側面は主に行政や司法の領域に現れていました。

にもかかわらず、同時に誰もが（立派な）市民になるポテンシャルを秘めています。民主政治を前提とする現代日本が衆愚政を回避しようとするのであれば、政治教育などを通じて市民の政治的意見の質を高めていかなければなりません。あえてプラトン風の言い方をすると、主権者である国民全員が「哲人王」になることを目指せばよいのです。その意味で、民主主義という制度は、政治的意見の質を考慮に入れる共和主義という支柱を必要とします。

さて、ここまで見てきた三種の政治思想を、実験的にヘーゲルの弁証法的な図式に当てはめて整理してみたいと思います。

自分が従う法を自分で作成するという意味で、民主主義は「治者と被治者の同一性」を理念とする政治思想です（正《テーゼ》）。特に古代ギリシアの民主政は、身分や財産や知識の差に関係なく、市民に対して平等な政治的権利を認めました。しかし、このようにソクラテスも民衆も等価のものとして捉える政治のあり方は、プラトンによって批判されるところとなりました。

民衆の参政権が剝奪され、治者が「他者」として現れると、その他者の政治権力を抑制する原理として今度は自由主義が発達しました（反《アンチテーゼ》）。民主政や共和政が失われ、法が他者の命令として現れたからこそ、それを縛る原理が必要となったのです。そして民主主義と自由主義はその後合流を果たし、リベラル・デモクラシーとして制度化され、歴史を終わらせたかに見えました。

しかしながら、民主主義には、治者と被治者の区別を忘れさせ、後見人に統治を一任し、独裁へと換骨奪胎される危険が伴います。また、自由主義には、治者と被治者を截然と区別するがゆえに、統治がどこか他人事のように感じられ、政治的無関心を醸成してしまうリスクがあります。そこで、治者と被治者の他者性（代議制民主主義）を前提としたうえで両者の再統合を目指したのが、特にヘーゲルをイギリスで受容した共和主義的シティズンシップ論でした（合《ジンテーゼ》）。

治者（政府）が他人であるからこそ、政府に対する積極的な働きかけを通じて自由を実現していかなければならない。このような観点から、共和主義的シティズンシップ論は政治への能動的なコミットメントを市民に要請します。また、ソクラテスの意見と民衆の意見を区別するからこそ、わざわざ教育を通じて政治リテラシーを涵養する必要も出てくるのです。

断っておきますが、ここでの目的はあくまでも民主主義を貶《おとし》めることではありません。むしろ民主主義を何としてでも守らなければならないことを認識するからこそ、それとは明確に区別された他の原理を発見し、その力を借りようとしているのです。

さて、ヘーゲル的な図式で言えば「合《ジンテーゼ》」にあたる共和主義で終わるのがきりのよいように思われますが、民主主義の延命のために、まだ見ておくべき政治思想が一つ残っています。それは社会主義という政治思想です。

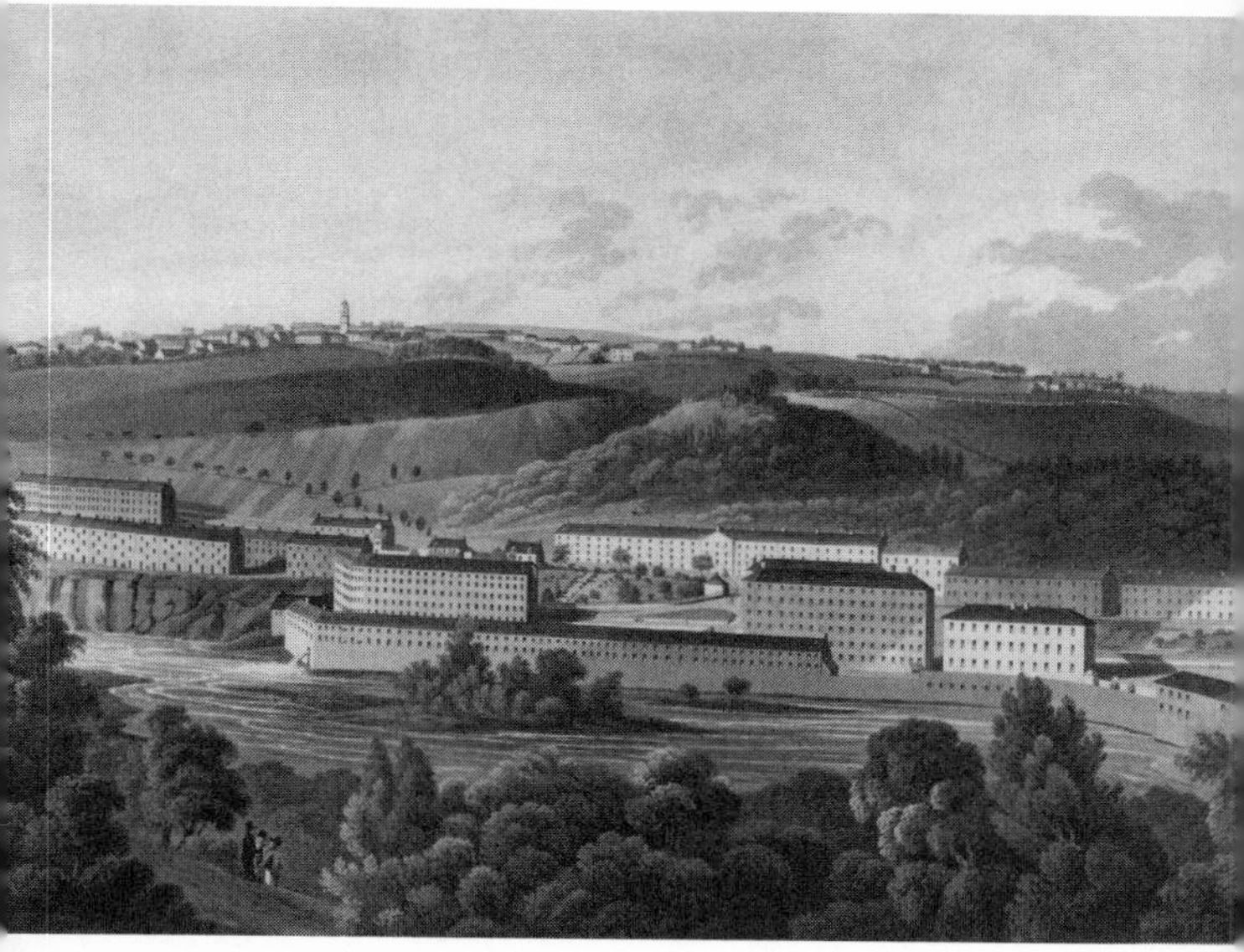

第 5 章

社会主義
——過去の遺物か

ロバート・オーウェンが社会改良を実践したニュー・ラナーク(写真:アフロ)

本書ではここまで、現代日本の政治・社会システムを形づくっている思想的要素として民主主義、自由主義、共和主義を見てきました。そこで最後に本章では社会主義を取り上げてみたいと思います。

「なぜ民主主義をテーマにした本の中で社会主義を扱うのか」と不思議に思われるかもしれません。というのも、社会主義はしばしば独裁的な政治体制と不可分であるかのように語られてきたからです。しかし、社会主義と独裁の結びつきは必然的なものではありません。むしろ社会主義には資本主義以上に民主主義との親和性が高い側面すらあります。

さらに民主主義との関係を措いておくとしても、現代日本の政治・社会システムは社会主義思想とまったく無縁のものではありません。それどころか、「日本は資本主義国であるから社会主義とは無関係である」という単純化された見方は自国の政治・社会システムに対する正確な理解を妨げるものだと言えます。

そもそも「社会主義と資本主義（より広く言えば自由主義）とは水と油のように相容れない関係にある」というイメージ自体、主に冷戦という特殊な歴史的事情の下で醸成され強化されたイデオロギーです。思想史を丁寧にひもとけば、両者はむしろ互いに欠陥を補い合う関係にあるということが分かります。

とはいえ、残された紙幅で社会主義思想の歴史のすべてを語り尽くすことは到底不可能です。そこで本章では、主に民主主義との関係に焦点を合わせつつ、社会主義の一側面を描き出してみたいと思います。というのも、両者は実は序章で示した「人為による自然の統御・克服」という西洋政治思想史の伝統的な政治観を共有していると言えるからです。

今日の一般的な日本人の知識は「社会主義＝独裁」というところで止まっています。その意味で、冷戦はまだ続いています。まずはその固定観念をいったん捨て去ってください。そ本章では社会主義思想に関する日本人の知識をアップデートし、大袈裟な言い方をすれば、思想的な次元でいまだ続く冷戦の終結を目指します。そのためにはやはり、はるか昔までさかのぼったうえで、社会主義の思想的な「根」をつかまえる必要があります。

1　マルクス主義と社会学——根本にある発想

†「政治思想」としての社会主義

そもそも社会主義とは何か、という問題を考えるうえで大いに示唆を与えてくれるのがアリストテレスの私有財産論です。彼はプラトンの理想国家論に対する批判として、この議論を展開しました（アリストテレス 二〇〇一、五二―八頁）。

　まずプラトンはスパルタのような国家を称賛し、子どもは国家の共有財産として国民総出で育てるべきだとします。それに対してアリストテレスは、「子どもはみんなのものだ」ということにしてしまうと、誰も子どもに愛情を注いで真剣に育てなくなってしまうだろうと反論します。

　ここには人間の自然的感情に対するアリストテレスの冷静な洞察が表れています。アリストテレスによれば、人間は自らの私有財産に対して特別な愛着を抱きます。それはプラトンが言うように、正義のイデアを感得した哲学者が理性によって抑え込むことができるような感情ではありません。そしてアリストテレスは、こうした自然的感情を人為＝法《ノモス》によって無理に乗り越えようとするのではなく、むしろ共同体の繁栄のために積極的に利用しようとします。アリストテレスの私有財産論にはこのように彼の中庸な政治思想にひそむ巧妙さが垣間見えます。

　しかし一方で、今日の子どもを取り巻く環境を考えると、アリストテレスの議論にも弱点があるように思われます。「親ガチャ」（生まれる家庭によって子どもの人生が決まってしまうこと）という言葉が昨今流行語になっていますが、人間は私有財産としての自分の子どもに愛情を向けるとは限りません。むしろ家庭という空間に閉じ込められた子どもはD

Vの格好の餌食にもなりえます。そうでなくとも、ネグレクトを受けて育つ子どもは後を絶ちません。人間の自然的感情、あるいは各人の「善意」に任せるというのはそれだけ心許ないことなのです。

他方で現代日本を生きる私たちには、「子どもは国家の共有財産である」というプラトンの議論はかなり突飛なものに聞こえるかもしれません。ですが、一定の年齢以上の子どもたちは、生活のおよそ半分を「学校」という空間で過ごします。スパルタの子どもたちが幼い頃から共同生活を強いられ、厳しい軍事訓練を受けていたことを考えれば、寮生活をする学生のような例外的事例を除くと、たしかに現代日本は完全にスパルタ的な国家であるとは言えません。しかし、かといって子どもの教育を各家庭に全面委任しているわけでもなさそうです（ちなみに「幼稚園」という施設はイギリスの社会主義者ロバート・オーウェンの発明だと言われています）。

公立であれ私立であれ、「学校」という空間がなければ、子どもたちの世界はすべて「家庭」という相対的に閉鎖的な空間でのみ形成されることになります。しかし、家庭のように、国家を通じた民主的コントロールの及ばない範囲に教育を委ねるというのは「運任せ」も同然です。民主主義という政治思想の根源に「自分たちの力で自分たちの運命をコントロールしたい」という民衆の願望があったように、子どもを共有財産として捉える発想はこのような運要素を共同体の力でなるべく減らしたいという願望に依拠しています。

現状、日本において子どもの教育が「家庭」と「学校」の双方に、大づかみに言って半分ずつ委ねられているということは、日本における資本主義（自由主義）と社会主義の関係を考えるうえできわめて示唆的です。そして、このことはまた、本書に通底するテーマの一つである「自然と人為」の問題にも関わっています。自然に任せたほうがうまくいくのか、それとも人為によってなんとかすべきなのか、資本主義と社会主義の対立の背後には、実は政治の本質をめぐるこうした壮大な問題が横たわっているのです。

さて、近代に入ると、次第に「経済」の領域が政府の人為的介入から守られるべき「自然」として認識されるようになります。アダム・スミスは市場経済を「自然的自由のシステム」として描き、「見えざる手」による市場経済の自律性を論証しようとしました（第2章）。

スミスらによる経済学の成果をドイツで積極的に摂取したヘーゲルは、こうした市場経済の側面を含む「市民社会」を国家とは明確に区別しつつも、市場経済の自動調節機能に公益の実現を完全に委ねるのではなく、どちらかといえば「欲求の体系」としての市民社会が特殊利益を追求する傾向を軌道修正し、普遍的利益へと導いていく役割を「国家」という団体に認めました（第4章）。ここには「人為による自然のコントロール」という西洋政治思想史における伝統的な政治のモチーフが連続していることが分かります。

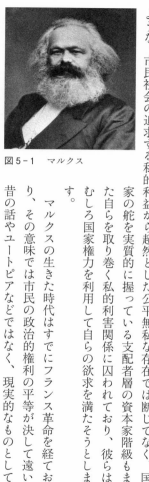

†マルクスのヘーゲル批判

それでは一般に「社会主義」という思想の形成に多大なる貢献をしたと言われるカール・マルクス（一八一八―八三）という人物は、ここにいったい何をつけ加えたのでしょうか。

図5－1　マルクス

プロイセン王国出身の思想家であるマルクスは、ヘーゲルを真っ向から批判した人物としても知られています（マルクス　一九七四）。マルクスによれば、国家とはヘーゲルが言うような、市民社会の追求する私的利益から超然とした公平無私な存在では断じてなく、国家の舵を実質的に握っている支配者層の資本家階級もまた自らを取り巻く私的利害関係に囚われており、彼らはむしろ国家権力を利用して自らの欲求を満たそうとします。

マルクスの生きた時代はすでにフランス革命を経ており、その意味では市民の政治的権利の平等が決して遠い昔の話やユートピアなどではなく、現実的なものとして政治的アジェンダにのぼりうる時代でした。また、一八世紀末に開始された革命自体は最終的にナポレオン一世による独裁に行き着いてしまいましたが、そのナポレオンが起こした戦争を通じてもたらされた近代的な憲法の下で、広くドイツ人たちは経済活動の自由をはじめとする個人の自由を享受することになりました。

しかし同時に、彼は隣国フランスの二月革命の挫折を観察するなかで、政治制度や法の上での改革が必ずしも人びとを「自由」にしないことを目の当たりにします。フランスで七月王政を倒し第二共和政（一八四八―五二年）を成立させた二月革命はナポレオン三世による帝政の復活を招き、続くドイツでの自由主義的な改革を目指したベルリン三月革命はかえってプロイセン政府を反動化させる結果に終わりました。

そして、これらの失敗の背景には、市民社会の内部における資本家階級《ブルジョアジー》と労働者階級《プロレタリアート》の対立がありました。かつてのフランス革命においては、高位聖職者と貴族が牛耳る旧体制《アンシャン・レジーム》の打倒を目指して両者は結託したわけですが、旧体制が崩壊した後においては、より民主的な憲法を要求する急進的なプロレタリアートと、革命によっていったん成立した秩序の維持とその下での安定的な経済活動を重視するブルジョアジーとの間では温度差がありました。

こうした状況を受けて、マルクスは真の問題は国家ではなく市民社会の次元にあると考えます。経済的な変革なくして政治改革は不可能だというのです。ヘーゲルは市民社会の成員に対して政治的権利を認めることで、彼らが議会に代表を送り、自らの意見を国政に反映させる回路を用意すべきだとしましたが、マルクスはこのような上辺だけの変革では意味がないと断じています。

†モノと化した人間たち

では、マルクスの言う市民社会が抱える問題とはいったい何なのでしょうか。こうした問題を論ずるときのマルクスには、アリストテレスに端を発する古代以来の西洋政治思想史における伝統的な問題意識を見いだすことができます。

マルクスによれば、近代になって成立した資本主義社会においては、人間は本来の人間としての性質を喪失し、モノに堕してしまっています。ここにはアリストテレス的な人間観が想定されているわけですが、序章ですでに述べたように、アリストテレスは人間と動物を区別し、自然《ピュシス》によって一方的に規定される存在にすぎない動物とは異なり、人間は人間特有の能力である選択意志を駆使し、人為＝法《ノモス》によって自分の運命を自分でコントロールしていくことができる存在だとしました。

こうした人間観を踏襲したうえでマルクスは、資本主義社会における人間が、動物のごとく単なる生命維持の必要によって一方的に規定される存在になってしまっていることを指摘します。資本主義社会における人間は、日々をただ生き延びるための「疎外された労働」に従事していると彼は言います。まるでホッブズが描く殺伐とした自然状態のように、人間は自己保存欲求という本能によって行動を規定され、他者と対立し、ビリヤードボールのような物体と同様に予測可能な存在になっています。

一方で「疎外された労働」に対置されるのは「自由で意識的な労働」です（坂本 二〇一四、二〇五頁参照）。古代人たちが大理石から彫刻を生み出したように、人間は労働を通じて自らの主観的なヴィジョンを自然物の中に現実化することで、自由という人間固有の能力を発揮することができます。

こうしたある種の「自己表現」としての労働の典型的なものとしては芸術活動を挙げることができます。今日の日本における文学部不要論などは、まさに資本主義社会を生きる人間の思考がいかに生命維持の必要という一元的な目的によって規定されているかを示すものだと言えるでしょう。資本主義社会においては、人間は自分の意志で何かを創り出す存在ではなく、（広い意味での）「自然」に要求されたものを産出するだけの存在になってしまいます。

†マルクスの下部構造論

このように大半の人間が人間性を喪失した社会においては、人間の行動は物理法則のような「科学」によって予測可能なものとなります（小野　二〇一五、三一八—二一頁）。なぜなら資本主義社会における人間は、自らの意志を持たない物体のごとき存在に堕しているからです。マルクスによれば、資本主義社会における労働者階級は、経済の法則によって必然的に、働けば働くほど資本家階級によって自らの取り分を搾取されます。そして、このような矛盾に気づくことで、資本主義社会は必然的に革命を引き起こし、社会主義社会が実現することになります。

しかし、ここでポイントとなるのが、「労働者階級が矛盾に気づけば」という条件です。現実の資本主義社会は、こうした矛盾を覆い隠すためのさまざまな装置を発展させています。

その一つがマルクス主義用語で言うところの「虚偽意識」です（マンハイム　二〇〇六、一三六頁以下参照）。虚偽意識とは、端的に言えば資本家階級による労働者階級の支配を隠蔽する誤った意識を指します。例えばフランス革命は、当初は労働者階級を含む「第三身分」の解放を目指す革命を謳っていましたが、マルクスによれば、その現実は資本主義的社会秩序を固定化するための「ブルジョア革命」にすぎませんでした。今日においてもトリクルダウン理論のごとき経済理論が依然として流布していますが、富裕層がお金を稼げば稼ぐほど、貧困層にもお金が自然と回ってくるという理論は、事実を正しく描写しているとは言えません。にもかかわらず、自由競争の敗者を含む多くの人びとが資本主義社会の正当性を信じて疑わず、反対に「社会主義」という言葉には拒否反応を示します。このように資本主義社会においては、労働者階級が自ら進んで「自分たちを奴隷化するイデオロギーにしがみつ」くといった現象が見られます（ホルクハイマー&アドルノ 二〇〇七、二七六頁）。

そこでマルクスは、人間の「意識」というものは、「現実」（経済）によって規定されると考えました。資本主義経済に基づく社会においては、それに適合的な意識が広く共有され、またそれを反映するような文化が花開き、それにふさわしい制度が採用されるというのです。マルクスのこのような議論のことを「下部構造」論といいます。すなわち「下部構造」（経済）のあり方が、その社会における道徳観や政治のあり方や芸術までをも（すなわち「上部構造」を）規定してしまうという考え方です。

この下部構造論もヘーゲルに対する批判になっています。まるで人間の意識が歴史を追うごとに「正↓反↓合」と自動的に発展してきたかのように語るヘーゲルに対し、マルクスは「人間の意識がその存在を規定するのではなくて、逆に、人間の社会的存在がその意識を規定するのである」と言います（マルクス 一九五六、一三頁）。人間はどのような社会に生きるかによって、その意識のあり方も異なる。だからこそマルクスは、政治の変革よりも社会（経済）の変革のほうが先だと考えたのです。

†マルクスの夢見た社会

ここにマルクスの社会主義思想の難点があります。人間の意識のあり方が社会によって規定されるのであれば、なぜ反対に人間の意識が社会を変革することができるのか。しかも、労働者階級は虚偽意識によってその目を曇らされています。下部構造が上部構造を規定するのであれば、そもそもなぜ革命が起こるというのでしょうか。

しかしながらマルクス自身は、決して寝て待っていれば革命が起こるとは考えていませんでした。革命が起こるためには、まず労働者階級自身が、自らを取り巻く環境の不条理を「不条理」として認識しなければなりません。

そのためには労働者階級の「教育」が必要となります。マルクスがその創設に携わった第一インターナショナルという組織はまさに彼の思想のこうした側面と関わるものでした（佐々木・鷲見・杉田 一九九五、一五五頁）。また、何もしなくとも革命が起こると考えていたのであれば、わざわざ自らの社会主義思想を嚙み砕いて解説し直した労働者階級向けのパンフレットなど執筆しなかったでしょう。つまり、革命が起こるためには、資本主義社会の下でモノと化してしまった労働者階級が人間性を取り戻す必要があったのです。

マルクスが夢見た共産主義社会は、人びとが必然的な労働から解放され、自らの意志で労働に従事し、労働に本来の歓びが見いだせるような社会でした。彼の夢をユートピアと嗤《わら》うことは簡単ですが、彼の社会主義思想はいまも私たちの住まう資本主義社会に「人間とは何か」という重要な問いを投げかけています。

†社会学と社会調査の貢献

もう一つ、今日における社会主義思想を考えるうえで触れておくべきなのが「社会学」という学問の発展です。それは社会主義思想と完全に重なり合うわけではないものの、社会主義思想と根本的な見方を共有する部分があります。

社会学の形成に多大なる影響を与えたフランスのエミール・デュルケーム（一八五八―一九一七）は、一八九七年に出版された『自殺論』の中で、自殺という行為を「社会」との関連で考察しています（デュルケーム 二〇一八）。これは大変画期的なことでした。なぜなら当時は自殺という行為は「個人」の問題（例えば個人の精神的な弱さに起因するもの）と考えられており、自殺の問題を「社会」と関係づけて論ずる発想自体が真新しいものだったからです。

そうした風潮に対してデュルケームは、統計的なデータに基づき、自殺という一見ごく個人的なものと思われる行為が、実は社会的な環境に大きく左右されていることを論証しました。ここには、社会が個人に与える影響力を重く見るマルクスの社会主義思想と通ずるものがあります。

また、同時期にイギリスでチャールズ・ブースやベンジャミン・シーボーム・ラウントリーなどによって行われた社会調査も、このような新しい見方を後押ししました（梅澤 二〇二〇、七四頁以下）。彼らは一九世紀前半のヴィクトリアニズムという道徳観においては「個人」の資質の問題として考えられてきた貧困の問題が、実はきわめて社会的な事象であるということを、社会調査により得られたデータをもとに明らかにしました。

図5-2　デュルケーム

今日の日本においても、本章冒頭で触れた「親ガチャ」という言葉にも顕著に表れているように、社会的な環境によって個人の運命が大きく左右されるという認識がある一方で、自殺や貧困を個人的な心の弱さや劣った能力の問題として捉える見方も依然として根強く残っています。ですが、とにかく一九世紀末から二〇世紀初頭にかけて、西洋においては後者の見方を相対化するような新しい視座が提供され、とりわけイギリスにおいてはヴィクトリアニズムという道徳観が求心力を失うことになりました。そして、そのことが後述のイギリスにおける福祉国家の芽吹きにつながっていきます。

自殺や貧困を個人ではなく社会の問題として捉える視点の何が画期的だったのかといえば、それらを社会や国家が対処することのできる問題とした点です。仮に貧困が個人の問題であるとすれば、例えば貧困問題に起因する犯罪に対しては、社会や国家にできることはせいぜい犯罪の厳罰化か、「貧乏でも真面目に生きている人はいる」と言って犯罪者を叱咤激励するくらいのものです。しかし、貧困が社会の問題であるとすれば、そうした表層的で場当たり的な対症療法だけでなく、犯罪の根を断つために社会や国家にできることも出てきます。

このように、これまで国家によるコントロールが及ばないものとして考えられてきた諸問題が、次第にコントロール可能な社会問題として捉えられるようになってきたのがこの世紀転換期という時代でした。「人為」によってコントロールすべき「自然」の範囲は、単なる警察力や軍事力などの暴力を用いた秩序の維持を超えて、さらに広がっていくことになります。

†マンハイムの知識社会学

社会からの影響を被るのは自殺や貧困といった現象だけではありません。マルクスも論じていたように、個人の「思想」に関しても、やはりその個人が置かれた社会的な地位に大きく左右されます。

マルクスのこのような議論を発展させたのが、ハンガリー出身の社会学者であるカール・マンハイム（一八九三―一九四七）でした。マンハイムはマルクスの「イデオロギー」という概念を受容し、さらにそれを敷衍して「知識社会学」なる独自の方法論の確立を目指しました。まずはその前提となる思想史的な流れを概観しておきましょう。

図５－３　マンハイム

本書ではすでに共和主義思想との関連で登場したカントでしたが、彼の政治思想は自由主義的な側面も含んでいました。というのも、彼は人間の「理性」という能力の限界を指摘しつつも、一方でごく形式的な命題に関しては普遍的な真理を認識することが可能であると考えていたからです（網谷 二〇一八、三一頁以下参照）。例えば、前章で触れたように、彼は「幸福とは何か」という問題に国家が答えることはできないが、少なくとも国家は個人が幸福を追求するための形式的自由を保障すべきであるということは言えると考えました。

カントのこのような理性に対する過信を戒めたのがヘーゲルでした。理性を行使すれば現実を超越した普遍的なものを認識できると考えたカントに対して、ヘーゲルはそもそも哲学がその時代を超え出ようとすることは愚かだと言います（権左 二〇一三、一四七頁以下参照）。哲学的認識はその時代によって制約されており、哲学にできることはその時代の価値観に従って、人類が辿ってきた歴史を解釈することにすぎません。ヘーゲルはこのような観点から、人間個人の哲学的認識に対してより厳しい評価を下しました。

そして、このような認識が、その人間の属する社会階層によって規定されていることを指摘したのがマルクスでした。マルクスは階級による制約を受けて偏った見方のことを「イデオロギー」と呼んで批判しました。とりわけ彼が批判したのは、資本家階級が信奉する自由主義思想でした。例えば、自由市場経済の「見えざる手」により公益が実現するかのように語るスミスの経済的自由主義は、実際には資本家階級の利益に資するイデオロギーでしかありません。これに対してマルクスは、「科学」としての社会主義を掲げ、資本主義社会の崩壊が必然であることを論証しようとしました。

　さて、ようやくマンハイムの話に戻りますが、マンハイムはこうしたマルクスの考えを基本的には受け継ぎつつも、マルクスのイデオロギー批判をマルクス自身にも向けようとします。それどころか、イデオロギーであることを絶対的に免れている政治思想は存在しないというのがマンハイムの立場でした。「自己自身の立場さえ、イデオロギーとみなす勇気がなければならない」と彼は言います（マンハイム 二〇〇六、一四八頁）。彼は「存在被拘束性」という概念を唱え、あらゆる思想が自らの社会的存在（地位）によって拘束を受けていると論じました。

　とりわけ厄介なのが、リベラルな社会で発展してきた「実証主義」という思想的立場です（同、二九五—七頁）。今日の日本においても、現実に観察され数量化されたデータを重んじる実証主義者が幅を利かせていますが、マンハイムによれば、とりわけ社会科学の分野に関しては法則化可能な知識はたいした意味を持ちません。にもかかわらず、あらゆるものを合理化し予測可能なものとしようとするのが自由主義的な社会の特徴であり（同、二二〇—三頁）、またそうした欲求に衝き動かされて、人びとは固定化された〈枠組み〉の中での効率化にひたすら邁進《まいしん》していきます。

　こうした思考様式の下では〈枠組み〉自体を疑ってみる姿勢は育ちませんし、また〈枠組み〉自体の変革を試みる「革命」のような事象も単に秩序を乱すだけの「騒擾《そうじょう》」とみなされることになります（同、二一五頁）。とりわけデモなどの政治運動が忌避される日本にはこうした特色が顕著に見られます。現行の〈枠組み〉を所与のものとして捉えている人間にとっては、自分自身は政治的に中立の立場であり、それに揺さぶりをかける勢力だけが政治的に偏向しているように思われます。

しかし、マンハイムに言わせれば、偏っていないのは神という形而上学的な存在だけです（同、一九二頁）。人間という有限な存在には、完全に不偏不党の立場はありえません。存在しうるのは絶対的中立ではなく、自分自身の偏りを自覚した相対的中立のみです。そして、このように特定の思想がいかなるかたちで社会的な存在によって規定されているかを探究する学問領域として、マンハイムは「知識社会学」を創始しました。

現実にはいかなる人間の認識も、その社会的な存在によって拘束され限定的なものとならざるをえません。いわば私たちは、一つの世界をそれぞれ異なる角度から見ているのです。多様な意見が存在することの価値はここにあります。人間の認識というのは、神のように世界の全体をいっぺんにそのままのかたちで把握できるものではなく、社会的環境要因の制約を受けた断片的で歪んだ不完全なものにすぎない。このように考えるマンハイムの知識社会学は、政治的中立という幻想を戒める強力な議論を提供しています。

2　自由主義と社会主義の融合

マンハイムの知識社会学においては自由主義と社会主義が対立的なものとして描かれていましたが（同、二二三頁以下参照）、イギリスにおいて両者はむしろ同盟関係を結び、今日のいわゆる「福祉国家」に結実することになりました。

その意味で、日本という国の思想史的ルーツを探るという観点からも、一九世紀後半から二〇世紀に至るまでのイギリス政治思想史は一瞥《いちべつ》の価値があります。ここからは、現代の日本を理解するうえでなぜ「社会主義」という要素が重要なのかということを、思想史的な観点から考えていきたいと思います。

†グリーンの「積極的自由」概念

第2章で見たように、一九世紀の三度にわたる選挙法改正を通じて、イギリスでは選挙権の拡大が進展しました。とりわけ保守的な人びとからは「暗闇への跳躍」と呼ばれ非難された第二回選挙法改正により、有権者の範囲は労働者階級にまで及ぶことになります。

こうした激動の時代にあって、自由党に内部変革の説得を試みたのが、前章にも登場したT・H・グリーンでした。労働者階級という新たに参入した有権者の票を獲得できるのは自由党か、それとも保守党なのか。この新規顧客獲得競争を先んじて一歩リードしたのは、ディズレーリ率いる保守党のほうでした。彼らは保守的なノブレス・オブリージュの精神に基づき、弱者救済というパターナリスティックな観点から、労働者保護立法を次々と成立させていきました。

これに対し、自由党のほうはというと、工場主や経営者といった資本家階級を中心に支持を得ていたこともあり、労働者保護立法に対してはどうしても及び腰でした。経済の領域に国家の手が及ぶと、自由放任《レッセフェール》的な市場メカニズムの下で保障されている自分たちの経済活動の自由は侵害されてしまうのではないかと思われたのです。

例えば、現代の日本においても「労働基準法」という法律によって最低賃金（雇用主が労働者に対して支払わなければならない賃金の最低額）が定められていますが、こうした国家による介入は、労働者が受け取る賃金を雇用主が意のままに設定する自由を妨げます。労働者保護立法に反対する自由党員たちは、こうしたことを危惧していました。

そこで一八八一年、グリーンは自由党員に向けた講演「自由党立法と契約の自由」の中で、国家による市場経済への介入が必ずしも個人の自由と矛盾するものではないと主張します。それどころか、「特に重んじるべきものとしての自由」は、国家介入があってこそ十全に保障されるというのです（グリーン 一九七〇、七二頁）。

グリーンは、従来の自由党員たちが後生大事にしてきた「拘束や強制の欠如」としての自由を消極的自由として位置づける一方で、個人にとって本当に意味のある自由とを「積極的自由」と呼んでいます。特に労働者階級に属する人びとにとっては、「契約の自由」をはじめとする諸権利が法律上保障されていたとしても、その権利が現実に行使できなければ意味がありません。

仮に最低賃金を定めるというかたちでの国家介入が欠如していたとすると、雇用者側は当然利潤を最大化するために、労働者が生活できないレベルにまで賃金を切り詰めるわけで、どこの工場に移っても同じような状況なのであれば、実質的には労働者側が「契約の自由」を行使できる見込みはありません。つまり労働者は雇用主に対する隷属状態に陥ってしまうのであり、そこでの自由は法律が書かれた紙の上の単なるインクの染みか、あるいはせいぜい「橋の下で眠る自由」を意味するにすぎないものへと成り下がってしまいます。

以上のようなグリーンの議論は当然、従来の自由党の主流派が信奉していた自由放任主義に対する批判を意味しており、スペンサーに見られるような党内からの反発を招くことになりました。しかしながら、少なくとも彼のこうした議論を端緒として、イギリスにおいては「個人の自由」を主要価値として掲げる自由主義と、国家による経済の人為的統御を目指す社会主義とが結びつき、福祉国家として歩んでいく道が開けることになります。

図5-4　ホブハウス

†ホブハウスの自由主義的社会主義

グリーンよりもさらにはっきりとしたかたちで自由主義と社会主義とを理論的に接合しようとしたのがホブハウスという社会学者です。

一九〇六年、党内での分裂を背景に長らく政権を退いていたイギリス自由党は、社会改革を公約として前面に押し出して選挙を有利に進め、およそ一〇年ぶりに保守党から政権を取り戻します。しかし、首相の座に就いたキャンベル=バナマンは社会改革に消極的で、自由党に対する労働者たちの期待は裏切られるかたちとなりました。

こうした政治状況を背景に、同年にはイギリス第三の政党として「労働党」が発足します。当時はまだ組織的な結束力がそれほど強くなく、政権からはほど遠かったものの、労働者を直接代表する政党の登場は自由党と保守党の双方に対してプレッシャーを与えるには十分な出来事でした。

実際、一九〇八年に首相に就任した自由党のハーバート・アスキスは、前任者とは打って変わって、老齢年金、国民保険、八時間労働、就労支援といった今日の日本においてもなじみの深い社会保障制度を矢継ぎ早に整備していきました。現在の福祉国家の礎はこの時期に自由党が主導するかたちで築き上げられたのです。

このような社会改革の流れを受けて、自由党による社会立法を理論的にバックアップしたのがホブハウスでした。彼はそれまでのスミスに由来するような自由放任的な経済政策を「古典的自由主義」と呼ぶ一方で、自らの立場を「新しい自由主義（new liberalism）」として打ち出します（今日一般に「新自由主義」という言葉が neoliberalism の訳語として流布していることに鑑み、混乱を避けるため、以下では new liberalism をそのまま「ニューリベラリズム」、neoliberalism を「ネオリベラリズム」とそれぞれ表記します）。

ホブハウスによれば、自由主義の根幹には「個人の自由」という価値がありますが、その価値は「国家による抑制」と相容れないものであり、「自然的調和」を通じてのみ達成されるものと考えた点で、古典的自由主義は端的に誤った理論でした（ホブハウス 二〇一〇。梅澤 二〇二〇、一二六頁以下参照）。見えざる手による自然的調和は、産業革命に支えられた空前の経済的繁栄の下では一定程度実現していたのかもしれませんが、一九世紀を通じてイギリスの経済発展が失速すると、貧困や格差、スラムの形成といった社会問題が噴出し、人びとはヴィクトリアニズム的な節制の限界を悟るようになります。

一九世紀後半のイギリスで社会主義思想が人びとに受け入れられ、労働党という組織に結晶化した背景にはこうした事情がありました（ホブハウス 二〇二〇、一六二頁以下）。自由放任的な市場経済に基づく古典的自由主義の誤りは歴史的事実によって証明されたというのです。ただし一方で、自由放任主義にこだわり、国家による救貧に反対する立場は二〇世紀に入ってもまだ根強く残っていました。例えばホブハウスの論敵であるバーナード・ボザンケという哲学者は、慈善活動は本来やらなくてもよいこと（ここでは救貧を指す）を自発的に行うからこそ善行なのであり、国家によって救貧が強制されると、それは善行ではなくなってしまうと言います。そこでボザンケは、救貧はあくまでも社会の中の一部の篤志家によって自発的に行われるべきであると主張しました。

このような主張に対してホブハウスは、救貧は「慈善」ではなく「正義」の問題であると言います（梅澤 二〇二〇、一三一頁以下）。例えば子どもを育てるシングルマザーが貧困に苦しんでいるような状態は、子育てという労働に対して対価が支払われていない「不正」の状態であり、これは国家による強制をもってしてでも是正すべき状態である。そしてその意味で、救貧とは本来「やらなくてもよいこと」であるというボザンケの前提自体が間違っていると批判したのです。

こうした反社会主義的な議論を展開するボザンケが「自由主義者」を自任していることがホブハウスにとっては問題でした。ロックの政治思想にまでさかのぼってみると、自由主義とは「個人の自由」の保護を至上目的として出発し、そのために立憲主義や議会主義といったさまざまな要素を目的達成の手段として取り込み発展していきました。そのなかで、特にスミスなどの理論家による仕事を通じて、自由主義思想は市場における自由競争（端的に言えば資本主義）を内に含むものとなっていきましたが、ホブハウスは自由主義がもともと目指していた「個人の自由」という目的の観点から、このような「古典的自由主義」の手段を再点検したのです。

そしてホブハウスの出した結論は、自由主義本来の目的を達成するためには、市場における自由競争だけでは必ずしも十分ではないというものでした。ホッブズの自然状態論で、完全に自由な個人による自己保存の追求が最終的には自己保存の否定に至ってしまったように、市場における自由競争は（大半の個人にとっては）自由の否定どころか生命を脅かすことになります。個人の自由を守るためには、国家による経済的自由の抑制が必要である。このように考えたホブハウスは、自らの立場を「自由主義的社会主義」と表現しました（ホブハウス 二〇一〇、八六頁）。

こうしてホブハウスは、自由主義と社会主義を結合した「ニューリベラリズム」という立場を表明し、後の二〇世紀半ば以降に大きく進展することになる福祉国家の理論的基礎を提供することになりました。冷戦を経る前のイギリスにおいては、自由主義と社会主義は対立するどころか、むしろ相補いあう関係として捉えられていたのです。

†社会主義と民主主義の相補関係

ただし同時にホブハウスは、当時イギリスで影響力を有していた社会主義団体である「フェイビアン協会」とは一定の距離を保っていました。というのも、ホブハウスは彼らのエリート主義的な教義に必ずしも満足していなかったからです（梅澤 二〇二〇、一四二頁以下）。フェイビアン協会は専門的知識の豊富な官僚が主導するかたちでの社会主義の実現を目指していました。だからこそホブハウスは、このフェイビアン協会との結びつきの強い労働党を支持するのではなく、あくまでも自由党が社会主義的な思想や政策を採り入れることにこだわりました。

その意味でホブハウスは、民主主義という要素も等しく重視していました。彼に言わせれば、一九世紀後半にドイツ帝国の宰相ビスマルクの手で推し進められた一連の労働者保護立法や社会保障政策は、国民に先回りして国家主導で社会主義的諸制度を実現することで、当時のドイツの社会主義者たちが主張していた労働者による政治参加の要求を封じ込めるための方便にすぎませんでした。

ホブハウスによれば、社会主義が民主主義的なプロセスによって実現しなければ意味がありません。こうした主張の根底には、大衆民主主義の政治的無関心に対する彼の懸念がありました。労働者階級に選挙権が拡大したら、教養のない無知な人びとが政治に参入することになり、政治が衆愚政に陥ってしまうかもしれない。ここでホブハウスの政治思想においても、「能動的シティズンシップ」が必要となってきます。

能動的シティズンシップはいかにして育つか。ホブハウスは、市民の公共精神が育ち、民主主義がきちんと機能していくためには、まさに社会主義が鍵になると考えました。世紀転換期のイギリス議会においては、戦争や植民地などの問題が盛んに議論されていました。しかしホブハウスは、老齢年金や失業保険など、民衆の生活に直接関わる社会主義的な政策が議論の俎上にのぼることで、民衆はおのずと政治に興味を持つようになるだろうと考えていました。

ビスマルク治下のドイツ帝国であれば、社会保障制度は「天からの恵み」のようなものですが、民主主義がある程度実現している国においては、社会保障制度の拡充や縮小は民衆の政治的決断の結果として感じられます。というのも、どちらの方針をとる政党が政権に就くかは、選挙を通じての民衆による選択にかかっているからです。もちろん戦争や植民地の問題も国民に影響を与えるわけですが、国外で起こっていることよりも、国内問題のほうがより実感のあるものとして感じられることでしょう。

このような議論に問題があるとすれば、「いったい誰が社会主義的な諸政策を議論の俎上に載せるのか」ということです。「民衆が」ということであれば、あらかじめ政治に積極的な関心を持つ民衆が存在しなければなりません。また「(政治家などの)少数のエリートが」ということであれば、それは先に触れたトーリー・デモクラシーのようなパターナリズムになってしまいます。ここには「卵が先か、ニワトリが先か」のような問題があります。

†ホブハウスの客観主義的権利論

この問題を半ば強引なかたちで解決したのが、ホブハウスの歴史認識でした(同、一四七頁以下)。そしてこのような歴史認識に、彼の自由主義的な側面がはらむある種の「弱点」を見て取ることができます。

先の問いに対するホブハウスの答えは、「民衆」か「少数のエリート」かという二択ではなく、「歴史自体がその方向に向かっている」というものでした。実際、ホブハウスはアスキス自由党政権下で次々に社会立法が実現していく状況を目の当たりにしながら理論を構築しました。彼にとって、一九世紀の自由放任主義とそれを支えたヴィクトリアニズムという道徳観が袋小路に陥り、社会主義思想が国民に広く受け入れられるようになったことを背景に社会主義的な諸制度が実現したということは、「歴史的事実」だったのです。

このことは見方を変えれば、諸権利が新たに認められていく過程でもありました。例えばT・H・マーシャル（一八九三―一九八二）という社会学者が、イギリスでは一八世紀に市民的権利（経済活動の自由など）が、一九世紀に政治的権利（選挙権など）が、そして二〇世紀に社会的権利が段階的に認められていったと論じていますが（マーシャル 一九九三）、イギリスに限らず人類はその歴史的進歩の中で、従来は「権利」として認められていなかったものを「権利」として認めてきました。反対に言うと、現に法律の上で認められている「権利」が、人間として認められるべき「権利」のすべてをカバーしているとは限らないわけです。

では、新しい「権利」を発見するのはいったい誰なのか。ホブハウスに言わせれば、それは民衆でも、優秀で慈悲深い政治家でもなく、「科学」です。権利とは科学によって客観的に論証可能なものであり、社会権などの新しい権利も、それが保障されなければならないものであることが科学的に明らかにされたからこそ認められるようになったのです。逆にまだ法律上認められてない権利が認められるためには、科学の発展を待たなければなりません。

ここにはカントにも観察されたような、理性という能力の普遍性に対する信仰が見られます。形式的な命題に関しては、私たちは何らかの普遍的な真理に到達することができる。ホブハウスのこうした自由主義的な信念の下では、権利の範囲という問題も、有限な知識しか持たない人間による「政治的決断」の対象であることを免れています。認められるべき権利の範囲はあくまでも客観的に論証されうるのであり、その意味では政治的にも中立な問題なのです。

しかし、歴史の流れが問題をいずれ解決してくれるのであれば、歴史の中の個人が果たす役割は卑小なものと感じられないでしょうか。あるいは権利の問題は、一般民衆ではない少数のエリート（学者）に任せておきたくならないでしょうか（実際、後に見るように、時代が進むにつれてニューリベラリズムはエリート主義的な方向に向かっていくことになります）。能動的シティズンシップの涵養という課題を考えるうえで、このことはきわめて重要な問題です。ニューリベラリズムのこうした側面に対抗して、民主主義を頑強に固持したのがラスキという社会主義者でした。

3 自由主義と社会主義の反発

さて、一九二〇年代に入ると、内部分裂を背景に影響力を失っていった自由党に代わり、労働党がイギリス二大政党制を担う片翼として台頭してきます。

一九二四年に初の労働党内閣を組織したラムジー・マクドナルドは、一九二九年アメリカから波及した世界恐慌への対処を迫られました。失業問題が深刻化するなか、彼は失業手当の引き下げを含む財政緊縮によってこの困難を乗り越えようとします。こうした方針は当然労働党を支持する社会主義者たちからの失望を招きました。

労働党上層部に対する失望を受け、一九三〇年代のイギリスでは空前のマルクス・ブームが巻き起こります。ホブハウスが『自由主義』を刊行した一九一〇年代においては、まだ自由主義と社会主義の結合に希望を見いだすことができました。実際、社会主義的な改革に直接着手したのは、まだ力を持っていなかった労働党ではなく自由党だったのです。しかし時代が下り、いざ政権を取った労働党が資本家階級にきわめて妥協的な姿勢を見せると、労働者階級の側に立つ社会主義者たちは一転して、自由主義に対する非妥協的な態度を顕わにし始めます。ここに自由主義と社会主義の対立が先鋭化して現れることになりました。

†ラスキのマルクス主義受容と計画社会論

ホブハウスと同様に、ラスキもまた社会主義と民主主義の両立に苦心した思想家でした。ラスキはすでに一九一九年の時点で民主主義を「危険な催眠剤」と表現しており、普通選挙のようにいかにも民主主義的な制度が採用されている国においては、政府の下すあらゆる決定があたかも人民の意志に基づいているかのように思われがちであることに警鐘を鳴らしています（Laski 2015, 70）。

しかしラスキに言わせれば、政府を構成する少数のエリートたちは、残りの大部分の国民にとっては「他者」です。国民全員の意志を少数の「他者」が代表しているわけですから、当然政府の下す決定と国民の意志との間にはズレが生じます。この両者のギャップを埋めていくための手段の一つが「市民の義務としての反乱」でした（第4章参照）。

さて、三〇年代に入るとラスキはマルクス主義を摂取し、それまでの自身の理論をさらに発展させます。それまでの議論においては、大衆の「思慮なき服従」の要因は単純に人間本性の自然的傾向に求められていましたが、三〇年代の著作においては、その要因は資本主義社会という人為的産物に見いだされることになります。

例えば資本主義社会においては、労働者は政治的な問題を深く考えるのに十分な余暇を与えられていないため、そもそも「思慮なき服従」を抜け出すことができません。労働者は労働という鎖で手足を縛られ、資本家によって上演される影絵《ドクサ》（虚偽意識）を真実と思い込んでいます。したがって、ラスキの目標はおのずと「階級なき社会」の実現にシフトしていきます（梅澤二〇二〇、第五章）。

ただし、ラスキの思い描く理想の社会は、必ずしもソ連で行われていたような完全な計画経済に基づくものではありませんでした。彼が特に「計画社会」について論じたのは晩年の一九四〇年代ですが、この時代にはすでにソ連の抑圧的な全体主義体制の問題が表面化しており、とりわけイギリスやアメリカといった資本主義国において「計画」について語ることは大変勇気のいることでした。そんななか、ラスキは歴史家のE・H・カーや前出の社会学者マンハイムらとともに、「計画社会」推進派の論陣を張ることになります（同、第六章）。

彼らが「計画社会」という言葉で意味していたのは、国民のあらゆる消費財を配給制によって国家が直接賄う社会ではなく、電気や水道などの基幹産業が国有化された社会でした。人間にとって不可欠な財の供給に関しては、社会の中の一部の私企業に任せるべきではなく、国家によるコントロールの下に置くべきである。このように考えた彼らは、すでに自由党によって一部成し遂げられてきた社会保障制度の充実に加えて、いまだ労働党政権すら着手してこなかった国有企業の問題に切り込んだのです。

ケインズのニューリベラリズム

そんな計画社会論者の中でも特に計画社会における民主主義の問題に骨を折ったのがラスキでした。

図5-5　ケインズ

すでにウォルター・リップマン（一八八九―一九七四）やフリードリヒ・ハイエク（一八九九―一九九二）などの計画社会反対派からは、「計画は全体主義への道である」といった批判が浴びせかけられていました。つまり計画経済の導入によって個人に対する国家干渉は必然的に増大し、いずれは権力の暴走に歯止めが利かなくなるだろうというのです。

自由主義陣営からのこうした批判はもっともであり、ラスキ自身もそれを真摯に受け止めていました。しかし他方で、労働者階級が「思慮なき服従」の状態から抜け出すためには、どうしても生活の必要から相対的に解放される必要があります。必要物資が安定的に手に入らないような状態では、人びとはとても政治について考える余裕など持てません。だからこそ市場経済に対する国家介入としての「計画」は不可避だとしたうえで、何をどこまで国家の管理下に置くのか、どの産業を「基幹産業」とするのかなどについて、政治的決断を下していく必要があります。

ここではホブハウスに次いで福祉国家の形成に影響を与えたとされる経済学者J・M・ケインズ（一八八三―一九四六）との対比において、ラスキの政治思想における社会主義と民主主義の関係を明らかにしていきたいと思います。ホブハウスと同じく、ケインズはニューリベラルの立場から（ケインズ 一九八一、三六六頁）、アダム・スミスに端を発する自由放任主義がいまなお影響力をふるっていることを批判的に論じています。ケインズは自由放任主義をダーウィン進化論になぞらえ、それは「とくに首の長いキリンが木の葉を独り占めし、首の短いキリンを飢えさせる」教義だと言います（ケインズ二〇一〇、一八七頁）。

自由放任的な資本主義の下では貧者は駆逐され、富者しか生き残ることはできない。こうした観点から、資本主義を手放しで支持することはできません。ただし、ケインズは決して資本主義経済の廃棄を目指したわけではありませんでした。彼は社会主義に対してそれほど否定的ではなかったと言われていますが（バックハウス&ベイトマン 二〇一四、七八頁）、一方で「個々人がもつ金儲けと金銭愛の本能を強く刺激し、経済の主要な原動力として利用する」資本主義の利点にも注意を払っています（ケインズ 二〇一〇、二〇〇頁）。したがって、不安定な資本主義社会の崩壊を防ぐためにこそ、国家による市場への積極的介入が必要となります。

問題はその介入の方法ですが、ここでケインズはニューリベラリズムの始祖たるホブハウスから距離をとることになります。ケインズによれば、二〇世紀に入ってから経済問題はますます複雑化しており、その意味では、ホブハウスが目指した民主主義的な方法では社会問題に効率的に対処することができません。

ケインズは「私はリベラルか?」と題する講演の草稿の中で次のように記しています。「その〔社会の経済的枠組みに関する問題の〕正しい解決には、幾分か無教育な投票者大衆の頭上をはるかに抜きんでていなくてはならない、知的で科学的な構成要素が必要になると私は考える」(ケインズ 一九八一、三五四—五頁)。この一節が実際に講演本番で語られることはありませんでしたが、ケインズの政治思想の中にはこうしたエリート主義的な要素が見いだされます。自由主義と社会主義と民主主義のすべてを自らの思想の中に採り入れようとしたホブハウスとは異なり、ケインズは自由主義と社会主義を折衷するニューリベラルの立場を引き継ぎながらも、民主主義とそれを通じて得られる政治的自由をそれほど重視してはいませんでした。

†ラスキの計画民主主義論

以上のように、ケインズは人間の金銭愛という自然的感情を利用しつつも、それを野放しにしておくのではなく、経済的な専門知識を持つ少数者集団（政府）が人為的に介入し、秩序を保つ手助けをするべきだと主張しました。それに対してラスキは、経済を共同体全体のコントロールの下に置くべきだと考えました。こうした考えを彼は「計画民主主義」と名づけています。

ラスキは多元的宇宙論の立場から、人間の経験が個人間で完全に一致することはないと言います。どんなに似たような環境で育ったとしても、他者である限りは、同じ事象を違ったかたちで受け取り、そこから各人の真理観が形成されます。ここから導き出される結論は、代表制民主主義は不完全なものたらざるをえないということです。大半の人民にとって他者であるところの政治家は、人民の意志を寸分違わず国政に反映させることはできません。そして同様のことは、経済に対する国家介入としての「計画」に関しても言えます。

たしかにハイエクの言うように、計画社会は「隷属への道」かもしれません。国家が経済政策までも射程に含めるとなると、国家権力が肥大化し、個人の自由を侵害するものとなる危険があります。しかしラスキに言わせれば、だからこそ民主主義が必要なのです。ケインズの言うように、たしかに経済の民主的コントロールは非効率かもしれません。ですが、それを一部の専門家に任せっきりにしてしまうと、残りの一般民衆にとっては「自分の運命を自分でコントロールする」という意味での自由を享受することができません。それどころか、その一部の専門家が人民全体の利益に資する政策を打ち出してくれる保証もありません。

しかしハイエクの指摘するように、個々の経済政策を国民の多数決で行っていくことなど、非効率であるどころか不可能です（ハイエク 二〇〇八、七三―九頁）。「計画」はどうしても少数者集団としての政府によって主導されるものとならざるをえません。そこでラスキは「計画民主主義」論をもってハイエクとケインズの両者の立場を乗り越えようと試みることになります。

計画民主主義の立場は、まず政府という集団が、人民から見れば究極的には「他者」であるという認識から出発します（梅澤 二〇二〇、二九四―五頁参照）。その意味で、政府は初めから人民の意志を代表する存在ではありえません。しかしながら、政府の提案する「計画」に対して、仮にそれが自分の意志に反するものなのであれば、個々の市民は投票や運動や言論を通じて自分の意志を示す必要があります。こうした「市民の義務としての反乱」を通じてのみ、「計画」は漸進的に人民の意志に基づいたものとなっていく。このように為政者を「他者」と認識したうえで、それに対する積極的な働きかけを通じて、その他者によって下される政策を「自己」の意志に基づいたものとしていくことが「計画民主主義」というラスキの構想の真髄でした。

†対抗イデオロギーとしてのネオリベラリズム

一九四五年に成立したクレメント・アトリー労働党政権の下でイギリス福祉国家は本格的に始動することになります。その理論的な基盤となったのは、当時労働党内においても地位が低下しつつあったラスキではなく、むしろラスキと対立していた自由党所属の庶民院議員ウィリアム・ベヴァリッジのいわゆる「ベヴァリッジ報告」でした。すでに政権争いの第一線から退いていた自由党ではありましたが、彼らは福祉国家の形成に対してはこのようなかたちで依然として重要な役割を果たしていました。

その後、一九五一年に保守党が政権を奪取してからも、「合意による政治」の下で福祉国家政策は継承されていきました。もはや福祉国家は労働党の独自路線ではなく、イギリスの国家事業となったのです。「合意による政治」は一九七九年に保守党のマーガレット・サッチャーが首相に就任するまで続くことになります。

福祉国家論が優勢になるなかで、福祉国家に対する非妥協的な対決姿勢を崩さなかったのが、後に「ネオリベラリズム」と呼ばれることになる立場で知られる異端の経済学者ハイエクでした。福祉国家における財政の肥大化を問題視する保守党の御用理論家として崇め奉られたハイエクですが、実は彼自身は自らが保守主義者であることを否定しています。彼はあくまでもケインズと同じく「自由主義者」を自任していたのです（ハイエク二〇二一、一九一―二二二頁）。

図5－6　ハイエク（ミーゼス研究所）

ただし、彼は福祉国家の理論的基礎たるニューリベラリズムを受け入れることはできませんでした。というのも、ニューリベラリズムに含まれる社会主義思想は、西洋政治思想史の主流をなしてきた「設計主義的合理主義」に基づくものだからです。社会を人間の意図するように創り上げることができるとする計画社会論のごとき発想は「致命的な思い上がり」であるとハイエクは言います。

ハイエクによれば、人為と自然の二分法によって政治を捉えるアリストテレス以来の伝統的な見方自体が端的に言って誤っています。人為と自然の間には、「行為の結果ではあるが、設計の結果ではないもの」があるというのです（ハイエク 二〇〇九、五―二〇頁）。そして、このような人間の営為の「意図せざる帰結」として形成されてきた規範をハイエクは「自生的秩序」と呼び、こうした規範に注目したヒュームやスミスなどの思想家を称賛しています。本書第2章でも取り上げた彼らの文明社会論の中に、ハイエクは西洋政治思想史のもう一つの重要な流れを見いだします。ニューリベラルの福祉国家論を本来の自由主義からの逸脱として糾弾した彼が一方で救い出そうとしたのは、このような文明社会論に思想的源流を持つ自由放任的な「伝統的自由主義」でした（ハイエク二〇〇七、一四五頁以下参照）。

ハイエクが批判したラスキ自身も認めているように、たしかに民主主義を欠く計画社会は、個人人格のすべてを政府のコントロール下に置くことを目指す全体主義国家に転ずる危険性があります。神や自然の領域を侵犯する人間の「傲慢《ヒュブリス》」として出発したギリシアの民主主義は、市場経済という「自然的自由のシステム」を人為的コントロールの射程に含む社会主義へと結実しました。しかし、公と私の境界線を破壊し、個人の思想や良心にまで手を加えようとする全体主義はその延長上にあります。この境界線をはっきりと引き直し、私的空間を国家による侵犯から守ろうとするネオリベラリズムは、いまでも人間の傲慢を戒める社会思想として重要な役割を果たしています。

†福祉国家と畜群としての大衆

とはいえ、市場経済の自由放任に任せておけば、あらゆる社会問題が解決されるわけではありません。グリーンが述べたように、ただ法律の上で権利を認めるだけでは、その権利は実際には単なる「強者の力」を表すにすぎないものとなるでしょう。またホブハウスもそう考えたように、自由主義が目指す「個人の自由」の保護を達成するためには、ときには国家による干渉が必要となります。

それだけではありません。国家の役割を秩序の維持に限定する夜警国家は、弱者救済を怠ることで、やがては自らの秩序維持を掘り崩しかねないような脅威を生み出してしまうリスクがあります。なぜなら弱者救済を「社会」の領域に委ねることは、悪質な宗教団体や反社会集団の跳梁跋扈《ちょうりょうばっこ》につながるからです。困窮者に手を差し伸べる自発的結社《アソシエーション》は、必ずしも「善人」とは限りません。

では、やはり福祉国家しかないのかといえば、福祉国家にもリスクはあります。というのも、ホブハウスとケインズの異同が示している通り、「自由主義と民主主義の結びつきは自明のものではない」という問題がここでも再浮上するからです。

フーコーは、キリスト教に馴染みの深い「牧人と羊」というモチーフを用いて、まるで牧人が羊の群れの面倒を見るように、個人の生命や健康に配慮するような権力を「司牧権力」と呼び、こうした権力のあり方を古代ギリシア以来の伝統的な政治観における権力とは区別しましたが（フーコー 二〇〇六、三〇三―六一頁）、国民の世話をする福祉国家はまさにこの伝統から出てきたものです（杉田 二〇一五、六一頁以下参照）。ここにはやはり第2章で触れた自由主義思想がはらむ問題がつきまといます。つまり、（自分の面倒を見てくれる）国家権力が「他者」として認識されるからこそ、統治が「他人事」として受け取られがちなのです。

したがって、福祉国家における政治的無関心の問題は、ある程度必然的なものだと言えます。現に「いまの国家が提供してくれているサービスにある程度満足しているから、政治に関心を持つ必要がない」と考えている人は少なくないのではないでしょうか。もちろんそこで感じられる「満足」というのも、ディケンズの『オリヴァー・ツイスト』に描かれていた馬のように、知らず知らずのうちに死なない程度まで切り詰められたものかもしれないわけですが。

同様に社会主義と民主主義の結びつきが偶然的なものにすぎないことも先述したとおりです。だからこそラスキは「計画民主主義」の必要を説いたわけですが、その「民主主義」も、自らを世話してくれる福祉国家に「後見人」の役割を見いだすことで形骸化してしまいかねません。政府が「他者」であることを認識したうえで、政治権力に対する警戒を絶やさず、「自己」の意志に背く決定を国家が下す場合はそれに対して積極的に働きかけていく。このような主体としての市民が民主主義という仕組みに生命を与えるのです。

要するに、普通選挙や言論の自由などの自由民主主義的な制度を前提としたうえで、共和主義の精神が必要となってくるのです。自由主義と社会主義を結合しようとしたホブハウスとは対照的に、ラスキが社会主義者の立場から自由主義を激しく論難したのは、自由主義思想に付随するリスクを念頭に置いていたためでした。

自由市場経済における自然的調和のメカニズムに委ねておくだけでは、公益は実現されません。憲法の上で諸権利が保障されていることに安住していては、個人の自由は守られません。より善い統治を目指すのであれば、政府に積極的に働きかける必要があります。一つだけの原理にこだわる必要はないのです。ただし文脈に応じて、さまざまな政治思想があるなかで、「どの可能性を伸ばしていくか、あるいはどの可能性を矯《た》めていくか」を判断していく。これが市民に求められる政治的判断なのです。

†小括

本章で見てきたように、社会主義とは狭義の経済思想にとどまるものではなく、自然と人為をめぐる西洋政治思想史の延長で理解できるものでした。すなわち、自らの私有財産に対する愛着という自然的感情を統治や公益のために利用し、市場経済における「見えざる手」による自然的調和に運命を委ねる経済的自由主義（資本主義）に対抗して、政府という機関を通じて市場経済を人為的統御の下に置き、また貧困や自殺など、それまで個人の問題として処理されてきた事象を「社会問題」として捉えることにより、国家全体で社会問題の人為的解決を図る思想として、社会主義は機能してきたのです。

その意味で、社会主義は必ずしも単なる計画経済に還元し切れる類のものではありません。むしろ経済に対する人為的介入としての「政治」を重視する政治思想として捉えなければ、私たちは社会主義の基礎にある根本的な発想を取り逃がしてしまいます。

そして、それは必ずしも今日考えられているように、自由主義とまったく相容れない思想ではありませんでした。それどころか、ホブハウスのニューリベラリズム――彼はそれを自由主義的社会主義と呼びました――が示すように、自由主義の「個人の価値」を重視する側面を強調するのであれば、自由主義は自らの目的を貫徹するために社会主義を必要とする政治思想であるとすら言えます。

あるいは自由主義の中の「資本主義」という経済的な側面に限ってみても、「混合経済」という言葉の存在が端的に示しているように、資本主義と社会主義の両者は現実に一つの国家の中で共存しうることが分かります。今日の福祉国家の思想的源流がホブハウスやケインズのニューリベラリズムにあることを考えれば、現代日本の制度にも社会主義的な要素を見いだすことができます。その意味で、社会主義は私たちとまったく無縁の思想ではないのです。私たちは自分たちの制度の成り立ちを正しく理解するためにも、とりわけ冷戦下で醸成され強化されたイデオロギー的な偏見から解き放たれるべきでしょう。

さらに社会主義と民主主義が相容れないものであるという通俗的イメージも間違っています。むしろ社会主義思想とは、古代ギリシア民主政──特にそれを条件つきで擁護したアリストテレスの政治思想──の根底にあった「人為と自然の対立」という発想の延長にあるものでした。ハイエクも認めていたように、むしろそちらが西洋政治思想史の主流であり、「人為と自然の間」にあるもの（人間活動の「意図せざる帰結」としての文明社会）に着目したヒュームやスミスらによる西洋政治思想史のもう一つの流れが、彼の言う「伝統的自由主義」につながっていたのです。

ただし、社会主義と民主主義の結びつきは必然的なものではありません。そのことはソ連の全体主義国家体制という歴史的事例が明確に示しています。全体主義を望まないのであれば、私たちは社会問題に民主的に対処していく必要があります。特に福祉国家という制度が歴史の中で安定化し、福祉国家を民主主義的に実現した世代が退場していくにつれ、福祉国家が「当たり前のもの（the natural）」として捉えられるようになると、国民は社会問題に対処する「主体」ではなく、単なる統治の「客体」へと変貌していってしまいます。

だからこそ私たちは、意識して民主主義を守っていかなければなりません。マルクスは言いました。歴史は繰り返す、「一度は偉大な悲劇として、もう一度はみじめな笑劇として」、と（マルクス 二〇〇八、一五頁）。ポリュビオスが述べたように、私たちは世代が交代するごとに、自分たちの手にしている制度のありがたみをいつの間にか忘れてしまい、政体は永遠に循環していくことになります。ポリュビオスの予言の通り、私たちは歴史の奔流に呑み込まれ、民主主義を手放さざるをえないのでしょうか。

しかし、マルクス自身が信じていたように、私たちは本来必然によって一方的に規定されるだけの存在ではありません。人間は自然法則の円環から抜け出ることができる存在です。慣性の法則が物体の運動を規定する普遍的法則であるように、惰性で生きる人間にはポリュビオスの循環史観が当てはまることでしょう。しかし、私たちには意識的につくり上げられた「政治思想」があります。

そこで終章では、ここまで見てきた「政治思想」というものが民主主義的な制度の中で具体的にどのような機能を果たすべきなのか、ということを検討していきたいと思います。

終　章

民主主義を活かすために
――なぜいま政治思想か

パルテノン神殿

本書ではここまで、民主主義、自由主義、共和主義、そして社会主義と四つの政治思想を扱ってきました。「民主主義を疑ってみる」と題した新書の中で民主主義以外の政治思想に触れてきたのは、民主主義をあえて「外」から眺めることにより、民主主義が抱えるさまざまな弱点を探ると同時に、その重要性を再確認するためでした。政治参加なき自由主義によっては個人の権利は守られませんし、普通選挙を前提としない共和主義はエリート支配に傾きがちです。また公正で定期的な選挙を欠いた社会主義は、ソ連のような全体主義に容易に陥ってしまいます。その意味で、民主主義は私たちにとって不可欠な政治制度です。

ただし、では政治制度の上で民主主義を徹底していけばうまくいくのかというと、そうとは限らないというのが本書の一貫した主張でした。あらゆる面で原理主義的に民主主義を推し進めていくのであれば、くじ引きという手段をもっと積極的に導入すべきでしょうし、選挙権年齢もできる限り下げていくべきでしょう。

しかし現実では、むしろ歯止めの利かない民主主義がさまざまな問題を引き起こしています。憲法の軽視やポピュリズムの台頭はその一部にすぎません。純度の高い民主主義は善き統治にとって有害であるどころか、民主主義そのものを掘り崩してしまう危険があります。というのも、第3章で述べたように、民主主義的な決定プロセスから「民主主義の放棄」を意味するような結論が出されうるからです。だからこそ、民主主義的な決定により民主主義を廃棄することを禁ずる自由主義（立憲主義）や、個人に自律や成長を要請する共和主義などの他の原理によって、民主主義は補完される必要があります。

また民主主義的な制度そのものも、民主主義の「精神」によって満たされる必要があります。本書が政治制度ではなく政治思想に着目したのもそのためです。その締めくくりとして、政策提言や制度改革構想の一つでも述べたほうがよいのかもしれませんが、ここではそうしたことは一切しません。なぜなら問題は制度面での民主主義の不徹底以上に、精神面での民主主義の形骸化にあると思われるからです。

もちろん選挙の際の供託金制度や「一票の格差」など、制度面における民主主義も依然として完璧なものとは言えません。ですが、これらの問題も――暴力的な変革を避けようとするのであれば――結局のところ「民主主義」によって解決するほかないのです。

いまある制度に手を加えなくとも、その運用の仕方を変えるだけで十分政治はマシになる希望があります。そして運用の仕方を変えるには、制度の背後にある思想を正しく把握することが必要です。そこで終章では、民主政治における「思想」の役割について考えてみたいと思います。

†政治思想と人間

これまで見てきたように、政治思想は多くの場合、「人間とは何か」という問いに関する洞察と切っても切れない関係にありました。一方で人間は神ではありません。神が人間に与え給うた理性という能力を強く信頼したロックの政治思想においてさえ、人間は自然法を創出する存在ではなく、ただ神の命ずる自然法を解釈するだけの存在にすぎませんでした。そのうえ、人間の理性には限界があるがゆえに、国家のない自然状態は数々の「不都合」を抱える状態でした。そして、そこから設立される国家もまた神ではないからこそ、政治権力にはさまざまな制限が課せられたのです。

しかし他方で、人間は本能を含む自然法則によって一方的に規定されるだけの単なる動物でもありません。自然の成り行きに任せる以上のことができるのが人間です。こうした発想の延長にあるのが、例えば快楽を求め苦痛を避けようとする人間の本能から自律して思考することを求めたカントの共和主義であり、また自然としての市場経済を民主的コントロールの下に置こうとしたラスキの社会主義でした。人間は自然現象の一部ではなく、選択意志を行使してそこから抜け出ることができる存在である。西洋政治思想史の伝統には、このような発想が通底しています。

ただし、ここで言う「自然」とは、自然科学の研究対象となるような狭義の自然現象だけを意味するものではありません。ハイエクの指摘したように、文明社会を論じたヒュームやスミスといった自由主義思想家たちは、人為の積み重ねが（必ずしも意図的にではなく）人間にとっての新しい「自然」へと転化していく過程を描きました。いまの日本を生きる多くの人びとにとっても、民主主義という政治制度は「自然な／当たり前の（natural）」ものとみなされていますが、それゆえに民主主義は人びとの思考を規定する足かせにもなっています。

そこで必要となってくるのが「民主主義を疑ってみる」という作業です。血肉化した民主主義というものから一度距離をとり、そのうえで改めてその中に合理性を見いだす。このような作業を西洋思想史上初めて行ったのがソクラテスでした。ソフィストが台頭し、民主政が機能不全に陥っていた当時のアテナイにあって、ソクラテスはアテナイ民主政の伝統《ノモス》をただ「それが伝統だから」という理由で大切にするのではなく、それを哲学によって基礎づけ直そうとしました――伝統というものに意識的に揺さぶりをかけるこうした作業は、たとえ伝統を破壊する意図がなかったとしても、保守的な人びとからは危険視され、結果的に彼は死刑に処されてしまったのですが。

伝統は「疑ってみる」という点検作業を怠ると簡単に形骸化していきます。民主主義という政治制度もまた、政治思想による意識的な基礎づけを欠いてしまうと、容易に「民主主義の皮を被った何ものか」に変貌します。

人民の召使としての政治家

第1章で論じたように、現代日本の民主主義の根幹をなす「選挙」という制度は、アリストテレスの言う意味での「民主政」というよりは「寡頭政」的な制度として運用されています。すなわち「何をやらせるか」ではなく「誰にやらせるか」という観点から票が投じられている現状があります。

では、一方で選挙という制度の「民主政」的な運用としては、どのようなものが考えられるのでしょうか。ここではホブハウスの議論が参考になるように思われます。

ホブハウスは、優越者が人民を一方的に支配する「権威主義社会」と区別して、「国家」という集団を次のように定義しています。「人民、あるいはいずれにしても、市民が国家である。政府は彼らの主人というより召使であり、政府の人員は最も卑しい臣民と同じくらい法によって束縛されている」。

ホブハウスの定義に即して考えれば、少数の優越者を選挙で選び、彼らに政治をやってもらうような社会は「権威主義社会」であり、「国家」と呼ぶに値しません。それに対して民主主義に基づく真の「国家」においては、政府および政府の人員（政治家）は、人民の意志を表現するための単なる媒体としての存在に成り下がります。「一方で十分に責任感のある個人と、他方で大多数の意志を表現する立法府が、国家というものの特質」であるとホブハウスは言います（Hobhouse 1911, 139-41）。

彼が言う「国家」において、政治的判断を下しているのは、究極的には「政治家」ではなく、彼らを選ぶ「人民」です。政治家を人民の「召使」とみなす発想は、政治家を父のように慕うことに慣れた人にとっては受け入れがたいものかもしれませんが、民主主義国家においては人民は「主人」としての地位を手に入れる代わりに、政治的判断に対する責任を負うことになります。

序章で述べた通り、本来は民主主義国家でなくとも、社会に存在しているだけで社会のあり方に対する責任は（たとえどれほど微小なものであれ）生じます。ですが、民主主義国家においては、それが「選挙権」というかたちでよりはっきりと顕在化することになります。政治責任を進んで負いたがる人など普通はいないでしょう。選挙権を放棄して政治責任から免れた気分になりたいと考えるのは、楽なほうに流れる人間の自然的感情だと言えます。ですが、自分の政治責任を果たそうとするのであれば、誰かに政治的判断を丸投げするのではなく、一人一人が政治的判断を下していく必要があります。

†政治責任と希望について

かつて丸山眞男は戦前の日本を「無責任の体系」として糾弾しましたが、彼の文章がいまだに読まれるのは、その議論が依然として現代日本人にとっては耳が痛い問題を突きつけているからでしょう。誰も責任をとりたがらない社会は、自分たちの代わりに責任をとってくれる誰かを強烈に求めます。しかしながら、民主主義とは、個人に対して投票用紙とともに政治責任をも配分する政治システムです。政治のあり方に対して責任を負っているのはほかでもない私たち一人一人の人間です。

しかし、具体的にどう政治的判断を下していけばよいのか分からない、という人も多いでしょう。失われた「美しい国」に憧憬を抱き、創られた伝統に埋没することで自我を溶解させ、自分の代わりに伝統を守ってくれる政治家を親のように慕う人。あるいは現行秩序を所与のものとして捉え、その下で自己利益を最大化するために悟性を磨き、競争社会でうまく立ち回っていくことに価値を見いだす人。いろいろな選択肢が考えられます。

ですが、これらのいずれもが自らの政治責任から背を向けていると言わざるをえません。右の後者が政治的無関心に陥りがち（あるいは自身の利害に関する限りで政治にコミットする存在）であることは言うまでもありませんが、前者もまた政治に積極的にコミットしているようでいて、実は政治的判断を「後見人」に丸投げしているにすぎないからです。責任をとるためには、まずは「自我」が確立している必要があります。

政治的判断が拠って立つための体系的な基準として、本書ではいくつかの政治思想を紹介してきましたが、もちろん過去の人物の政治思想を鵜呑みにすることもまた権威に寄りかかる思考であり、カントの言う「未成年状態」を抜け出ているとは言えません。だからこそ、一つ一つの政治思想の合理性を内在的に理解したうえで、それらをヒントにしながら、各人がそれぞれの政治思想を彫琢していくことが理想です。

だが、各人が理想とする世界を実現するための手段が整っていないのではないか。現実の政党はバークの言う「派閥」にすぎないのではないか（第1章参照）、という反論が挙がるかもしれません。なるほど「政治家は次の選挙で当選することしか考えていない」という嘆きはいまもそこここで聞かれます。

ですが、実は有権者にとってこれほど好都合なことはありません。なぜなら政治家の欲しているものが明確だからです。欲しているものが明確な人間を動かすことは、そうでない人間を動かすことよりも容易です。つまり、「飴」としては欲しているものを与え、「鞭」としては欲しているものを奪えばよいのです。

もちろん政党に所属する政治家も生活がかかっているわけですから、彼らのことを道徳的に責めても政治的にはあまり生産的ではありません。むしろ主要政党（の多く）が、票の獲得に躍起になるだけでなく、ある程度明確な政治思想の看板を掲げてくれていることは数少ない希望と言えるでしょう。「投票したい政党がいない」という声もよく耳にしますが、「政治思想」という観点から見れば、おのずと選択肢が見えてくるはずです。

†リベラル・デモクラシーの超克

とはいえ、「自分が選挙に行っても何も変わらない」という声が多数派であることは筆者もよく理解しています。前述したとおり、民主政治における「個人」の力はきわめて微弱です。特に投票という手段を通じては、誰か一人の人間がヒーローになることは（たった一票の差で選挙が動くような例外状況を除いて）ほとんどありません。

しかし、それでもまだ希望はあります。例えば環境問題を考えてみると、一人一人が地球環境に及ぼす影響は選挙における以上に微小であるにもかかわらず、多くの人びとが環境に配慮した行動をますますとるようになってきています。これは自分の行動が地球環境に対して与える影響の計算以上に、「環境破壊に加担したくない」という意識から生じた行動と言えるのではないでしょうか。

近年、投票率を上げる取り組みの一環として、一人一人の票が持つ重みを強調する議論が見られますが、こうした結果重視の功利主義的な説得はやはり実感に欠けるでしょう。自分自身が選挙に行ったり行かなかったりすることによって選挙結果が変わるシチュエーションというのは通常ありえません。その意味で、「一票の重み」を現実に感じることはなかなか困難です。

ですが、環境問題の例が示しているように、私たちは実感がなくても行動をする場合があります。それは、学問によって自分自身の行動がいかなる世界の構築にコミットしているのかが明らかになっている場合です。環境問題に関して自然科学が担っている役割の一端を、政治の世界においては政治思想研究を含む政治学が担っています。

リベラル・デモクラシーという政治・社会システムの下では、政治参加は「権利」の問題として捉えられがちです。なぜなら政治参加は、個人の自由や権利を守る限りにおいて価値のあるものだからです。政治参加がもたらす実際の「効果」を強調するような、言ってしまえば「現金」な議論が横行するのも無理はありません。そして現行秩序の下で自らの自由や権利が保障されている（と感じている）人が、政治にあまり関心を抱かないのもまた無理からぬことです。

だからこそ、リベラル・デモクラシーは共和主義や社会主義といった思想的要素を積極的に採り入れるべきだというのが本書の結論です。政治参加を「義務」の問題として捉える共和主義はリベラル・デモクラシーを相対化し、また個人に対する社会の影響を強調する社会主義は、政治にできることの射程を広げます。「社会」を構成しているのは、究極的には「個人」です。それゆえに、どれだけ微小なものであったとしても、個人は社会のあり方に対して責任があります。そしてまた、社会のあり方は個人に対して影響を与えます。

私たちは同時代的な社会のあり方だけでなく、歴史的に長く続いてきた伝統によっても思考を規定されます。しかし「伝統」というのは結局のところ人間の産物であり、その意味で私たちは過去の人間による想像の産物によって自分たちの想像力を縛られているのです。リベラル・デモクラシーが歴史の終着地点とは限りません。私たちのシステムには改善の余地がある。そうした信念に基づき、政治思想はこれまでの歴史の中で、世界のあり方に何度も変更を加えてきました。

神ではないが動物でもない人間。そのような存在だからこそ、人間社会には「政治」というものの余地が生まれてきます。民主主義というバベルの塔は、それだけでは大変心許ないものです。だからこそ、それは自由主義、共和主義、社会主義といった「支え」を必要とします。その意味ではバベルの塔というよりも、破壊と再生を繰り返しながら現代までしぶとく残り続けたパルテノン神殿の柱の一つにたとえたほうが的確かもしれません。

いずれにせよ、民主主義はいまの政治の世界を構成する政治思想のうちの一つにすぎません。それは善き統治の必要条件ではあっても十分条件ではありません。一つの原理に拘泥することなく、目的達成のためであれば、状況に応じて異なる原理を利用することも厭わない。民主主義国家の主権者たる市民には、このようなマキアヴェッリ的君主であることが求められていると言えるでしょう。

読書案内

さて、本編は以上ですが、皆さんはまだ政治学の世界に通じる門に足を踏み入れたばかりです。カントが述べたように（第4章参照）、「学者」のように思考する市民が、民主主義をこれからも安定的に維持していくためには必要不可欠となります。

そこで読者の皆さんにこれから政治学の世界を探索する二歩目を踏み出していただくために、ここでは本書で扱ったテーマをさらに探究していくにあたっておすすめの文献をいくつか紹介しておきます。

まず、本書の根底にある考え方をより深く理解していただくための本が三冊あります。一冊目は、**バーナード・クリック『デモクラシー』添谷育志・金田耕一訳、岩波書店、二〇〇四年**です。同書はデモクラシー（民主主義）の入門書という位置づけでありながら、徹頭徹尾デモクラシーに疑いの目を向けつつ、リベラル・デモクラシーの限界を乗り越えようと試みる点で、本書の内容にも多大なるインスピレーションを与えています。同書を著したクリックの強調する「シティズンシップ教育」と「共和主義」の二つがどのように関係しているのか、という問いが本書の出発点だと言っても過言ではありません。

二冊目は、**丸山眞男『政治の世界　他十篇』松本礼二編注、岩波文庫、二〇一四年**です。本書の根底にある政治観は、同書の政治観に負うところが大きく、とりわけ収録論文のなかで丸山が展開している政治的無関心をめぐる議論は、彼の時代から半世紀ほどが経過したいまでもほとんど色あせていません。

三冊目は、**アンドリュー・ギャンブル『政治が終わるとき？――グローバル化と国民国家の運命』内山秀夫訳、新曜社、二〇〇二年**です。同書の原題は『政治と運命』（*Politics and Fate*）ですが、一方で政治を変えられない運命のようなものとして甘受する民衆の政治的無関心が蔓延し、他方で歴史学が軽視されている今日において、「政治の終わり」と「歴史の終わり」を関連づけて論じた同書は一読の価値があります。

また、西洋政治思想史の教科書的文献も三冊紹介しておきます。

一冊目は、**堤林剣『政治思想史入門』慶應義塾大学出版会、二〇一六年**です。同書はホメロスからルソーまでを扱った教科書であり、思想家一人一人の政治思想が大変丁寧に解説されているので、読むと西洋政治思想史という学問分野の基礎が一通り身につきます。特に本書も重視している人間と運命の関係を軸とした思想史叙述を提示している教科書でもあります。

二冊目は、**小野紀明『西洋政治思想史講義——精神史的考察』岩波書店、二〇一五年**です。同書は教科書としては少々難解かもしれませんが、それでも著者の碩学《せきがく》に裏打ちされた魅力的な思想史が描かれており、ぜひ皆さんにも挑戦していただきたいテクストです。特に本書のロマン主義に関する記述は、同書の内容から多くのヒントを得ています。

三冊目は、**坂本達哉『社会思想の歴史——マキアヴェリからロールズまで』名古屋大学出版会、二〇一四年**です。ヒューム研究者によって執筆された同書は、とりわけ西洋政治思想史における「経済学者」の位置づけを知るうえでも大変すぐれた教科書になっています。特にスミスとマルクスを扱った各章は、両者に対する一般的なイメージを刷新するものと言えるでしょう。

最後に西洋政治思想史の各論に関してもいくつか文献を紹介しておきます。

まず、古代西洋政治思想に関しては、**佐々木毅『よみがえる古代思想——「哲学と政治」講義I』講談社学術文庫、二〇一二年**が大変分かりやすく、読み物として面白いテクストになっています。ソクラテス以前の古代ギリシアから始まり、プラトン、アリストテレス、ヘレニズム思想や古代ローマまでを扱った平易なテクストです。

民主主義の思想家シュミットに関しては、**蔭山宏『カール・シュミット——ナチスと例外状況の政治学』中公新書、二〇二〇年**が、難解なシュミットの議論を平易かつ魅力的に説明しています。民主主義思想を理解するうえでの本書のキーワードである〈等価性の世界〉も同書のなかに登場します。

共和主義の思想家カントに関しては、**網谷壮介『カントの政治哲学入門――政治における理念とは何か』白澤社、二〇一八年**が大変すぐれた入門書です。これまた難解かつ重要なカントの政治思想を、同書以上に分かりやすく解説したテクストは他に見当たりません。本書のカントに関する記述は、その多くを同書に負っています。

ヘーゲルの政治思想に関しては、**権左武志『ヘーゲルとその時代』岩波新書、二〇一三年**が最も分かりやすいテクストです。特にヘーゲルとロマン主義との関係は、今日の日本の「右傾化」の問題を考えるうえでも非常に示唆的です。本書を深く理解していただくうえで押さえておかなくてはならないヘーゲルの「弁証法」という考え方も、同書のなかで丁寧に解説されています。

カントやヘーゲルのドイツ思想がイギリスにわたり、ラスキのシティズンシップ論に結実していく過程を描いたのが、**梅澤佑介『市民の義務としての〈反乱〉――イギリス政治思想史におけるシティズンシップ論の系譜』慶應義塾大学出版会、二〇二〇年**です。自分で書いた本ですが、それだけに本書の内容に興味を持ってくださった方には自信を持っておすすめできます。同書が主に扱っているグリーン、ボザンケ、ホブハウス、ラスキという四人の思想家だけでなく、「なぜ市民が歴史を学ぶのか」という問題に関心のある方にぜひ読んでいただきたい本です。

あとがき

本書の刊行は、多くの方々の支えなくしては考えられないものでした。紙幅の関係上、ごく簡潔にではありますが、この場を借りて感謝の言葉を申し上げたいと思います。

何よりもまず、私の前作を読んでくださり、「新書を書いてみませんか」と声をかけてくださった筑摩書房の田所健太郎さんに心からお礼を申し上げます。直接お会いして、私が新書の構想をお伝えした際に、『民主主義を疑ってみる』という魅力的なタイトルを提案してくださったのは田所さんでした（もともと私が自身の構想につけた仮題は『リベラル・デモクラシーの超克』でした）。あとから考えてみると、キャッチーなだけでなく、本書の根幹にある重要な発想を一言で的確に表現する見事なタイトルだと思います。その後も根気よく丁寧に編集作業を進めてくださり本当にありがとうございました。前作ですべてを出し切り空っぽになっていた私は、田所さんのおかげで、苦しくもこのうえなく充実した幸せな二年間を送ることができました。

執筆作業を進めていくにあたっては、腰を据えて研究生活に打ち込める環境が必要不可欠でした。そのための素晴らしい環境を私に与えてくださった成蹊大学法学部政治学科の専任教員の皆様（浅羽隆史先生、今井貴子先生、遠藤誠治先生、帯谷俊輔先生、西村美香先生、西山隆行先生、野口雅弘先生、平石耕先生、光田剛先生、宮崎悠先生、李静和先生、李セボン先生）には日頃からの感謝を申し上げたいと思います。また、新書を書くにあたり、相談に乗ってくださり、いろいろとアドバイスをくださった板橋拓己先生にもお礼を申し上げます。

私が所属する成蹊大学法学部政治学科の学内研究会である「政治学研究会」では、本書の内容の一部を発表する機会を賜りました。研究会に参加してくださった皆様、特に質問やコメントをくださった田中治男先生、加藤節先生、佐藤高尚先生、成田大起先生、宮井健志先生には改めて感謝を申し上げます。本書が私の意図が少しでも伝わりやすいものになっていることを願います。

また、お忙しいなか、時間を見つけて本書の草稿を読んでくださり、コメントや助言をくださった堤林剣先生にも厚く感謝を申し上げます。本書を執筆するなかで、大学院の指導教授としてお世話になった堤林先生や、学部生時代にゼミでお世話になった蔭山宏先生の問題意識を私自身も部分的に引き継いでいることに気づいたときは大変嬉しく思いました。

本書の内容が当初構想していたよりも良いものとなったのは、ここに名前を記した方々のおかげです。もし本書の内容に何らかの過誤が含まれる場合は、当然ながらすべて著者である私の責任であることをここに書き添えておきます。

最後に、これまで本務校の成蹊大学をはじめ、非常勤先の慶應義塾大学、二松学舎大学、専修大学、共立女子大学、成城大学、東京女子大学で私の授業に熱心に参加してくださった学生の皆さんにお礼を申し上げます。とりわけ皆さんの授業コメントを通じて、私は政治学や西洋政治思想史を学ぶ前の一般的な感覚と、学んだ後の政治に関する考え方の変化を生々しく感じることができました。皆さんに楽しんでもらえるようなものを書きたいという想いは、本書を執筆するうえでの非常に大きなモチベーションになりました。いつも私の話に真面目に耳を傾けてくれて、またときには感想を伝えにきてくれたりして本当にありがとう。

そしてもちろん本書を手に取ってくださり、ここまで読んでくださった読者の皆様にも心よりお礼を申し上げたいと思います。研究者ではなく一般の読者の皆様を想定して筆を起こすというのは人生で初めての経験でした。皆様が本書を通じて、政治思想史という学問分野の魅力を少しでも感じてくださったとしたら、それにまさる喜びはありません。ぜひ読書案内で紹介した文献や古典にも手を伸ばしてみてください。市民が政治学を学ぶことの重要性に関するコンセンサスが、政治学者の閉じた世界にとどまってしまっては意味がありません。その意味で、皆様こそが民主主義の将来にとっての希望です。
民主主義を疑ってみたうえで、それでも民主主義の未来を信じて、ここに筆を擱《お》きます。

二〇二三年一一月五日

梅澤佑介

Mander, W. J. (2011) *British Idealism: A History*, Oxford University Press.

丸山眞男（2014）『政治の世界　他十篇』松本礼二編注，岩波文庫.
マンハイム（2006）『イデオロギーとユートピア』高橋徹・徳永恂訳，中公クラシックス.
水島治郎（2016）『ポピュリズムとは何か――民主主義の敵か、改革の希望か』中公新書.
ミル，J・S（2019）『代議制統治論』関口正司訳，岩波書店.
ミル，J・S（2020）『自由論』関口正司訳，岩波文庫.
モンテスキュー（2016）『法の精神』井上堯裕訳，中公クラシックス.
山口晃人（2021）「子どもの参政権の政治哲学的検討――智者政批判との関係から」，日本政治学会編『年報政治学2021－Ⅱ　新興デモクラシー諸国の変貌』筑摩書房，161-84頁。
山下重一（1976）『J・S・ミルの政治思想』木鐸社.
吉田徹（2021）『くじ引き民主主義――政治にイノヴェーションを起こす』光文社新書.
ラスキ（1952）『政治学大綱』上下巻，日高明三・横越英一訳，法政大学出版局.
ラスキ（1980）「国民主権論」渡辺保男訳，辻清明編『世界の名著72　バジョット　ラスキ　マッキーヴァー』中公バックス，377-395頁.
ルソー（2010）『社会契約論』作田啓一訳，白水Uブックス.
ルソー（2016）『人間不平等起源論』坂倉裕治訳，講談社学術文庫.
ロック，ジョン（2010）『完訳 統治二論』加藤節訳，岩波文庫.

【外国語文献】

Advisory Group on Citizenship（1998）*Education for Citizenship and the Teaching of Democracy in Schools*, The Qualifications and Curriculum Authority.
Bosanquet, Bernard（1895）'The Duties of Citizenship', in Bernard Bosanquet（ed.）*Aspects of the Social Problem*, Macmillan.
Hobhouse, L. T.（1911）*Social Evolution and Political Theory*, Columbia University Press.
Gamble, Andrew（2019）*Politics: Why It Matters?*, Polity.
Laski, Harold J.（2015）*Authority in the Modern State*, Routledge.

プラトン（2012）『ソクラテスの弁明』納富信留訳，光文社古典新訳文庫．

プラトン（2008）『国家』改版，上下巻，藤沢令夫訳，岩波文庫．

フロム，エーリッヒ（1965）『自由からの逃走』新版，日高六郎訳，東京創元社．

ヘーゲル（2021）『法の哲学——自然法と国家学の要綱』上下巻，上妻精・佐藤康邦・山田忠彰訳，岩波文庫．

ベンサム（1967）「道徳および立法の諸原理序説」山下重一訳，関嘉彦編『世界の名著38　ベンサム　J. S. ミル』中央公論社，67-210頁．

ポーコック，J・G・A（2008）『マキァヴェリアン・モーメント——フィレンツェの政治思想と大西洋圏の共和主義の伝統』田中秀夫ほか訳，名古屋大学出版会．

ホッブズ，トマス（2022）『リヴァイアサン』上下巻，加藤節訳，ちくま学芸文庫．

ホブハウス，L・T（2010）『自由主義——福祉国家への思想的転換』吉崎祥司監訳，大月書店．

ポリュビオス（2007）『歴史』全4巻，城江良和訳，京都大学学術出版会．

ホルクハイマー＆アドルノ（2007）『啓蒙の弁証法——哲学的断層』徳永恂訳，岩波文庫．

マキアヴェリ（2018）『君主論　新版』池田廉訳，中公文庫．

マーシャル，T・H（1993）『シティズンシップと社会的階級——近現代を総括するマニフェスト』岩崎信彦・中村健吾訳，法律文化社．

マルクス，カール（1956）『経済学批判』武田隆夫ほか訳，岩波文庫．

マルクス，カール（1974）『ユダヤ人問題によせて　ヘーゲル法哲学批判序説』城塚登訳，岩波文庫．

マルクス，カール（2008）『ルイ・ボナパルトのブリュメール18日［初版］』植村邦彦訳，平凡社ライブラリー．

丸山眞男（1961）『日本の思想』岩波新書．

丸山眞男（1998）『忠誠と反逆——転形期日本の精神史的位相』ちくま学芸文庫．

―自由の価値』気賀健三・古賀勝次郎訳，春秋社.
ハイエク，F・A（2008）『ハイエク全集Ｉ－別巻　隷属への道』西山千明訳，春秋社.
ハイエク，F・A（2009）『ハイエク全集Ⅱ－7　思想史論集』八木紀一郎監訳，春秋社.
ハイエク，F・A（2021）『自由の条件Ⅲ　福祉国家における自由』普及版，気賀健三・古賀勝次郎訳，春秋社.
バーク，エドマンド（2000）『バーク政治経済論集』中野好之訳，法政大学出版局.
バックハウス，ロジャー・E＆ブラッドリー・W・ベイトマン（2014）『資本主義の革命家　ケインズ』西沢保監訳，作品社.
橋場弦（2023）『古代ギリシアの民主政』岩波新書.
ハーシュマン，アルバート・O（1985）『情念の政治経済学』佐々木毅・旦祐介訳，法政大学出版局.
バジョット（2023）『イギリス国政論』下巻，遠山隆淑訳，岩波文庫.
ヒーター，デレック（2002）『市民権とは何か』田中俊郎・関根政美訳，岩波書店.
ヒューム（2011）『ヒューム　道徳・政治・文学論集［完訳版］』田中敏弘訳，名古屋大学出版会.
ヒューム（2019）『人間本性論』全3巻，石川徹ほか訳，法政大学出版局.
廣川洋一（1997）『ソクラテス以前の哲学者』講談社学術文庫.
ピンカー，スティーブン（2019）『21世紀の啓蒙――理性、科学、ヒューマニズム、進歩』上下巻，橘明美・坂田雪子訳，草思社。
福田歓一（1985）『政治学史』東京大学出版会.
フクヤマ，フランシス（2005）『歴史の終わり』渡部昇一訳，上下巻，三笠書房.
フーコー，ミシェル（1977）『監獄の誕生――監視と処罰』田村俶訳，新潮社.
フーコー，ミシェル（1986）『性の歴史Ｉ――知への意志』渡辺守章訳，新潮社.
藤原保信（1993）『自由主義の再検討』岩波新書.

スコフィールド，フィリップ（2013）『ベンサム――功利主義入門』川名雄一郎・小畑俊太郎訳，慶應義塾大学出版会.
スミス，アダム（2020）『国富論』改版，全三巻，大河内一男監訳，中公文庫.
スペンサー，ハーバート（2017）『ハーバート・スペンサー コレクション』森村進編訳，ちくま学芸文庫.
高畠通敏（2012）『政治学への道案内』講談社学術文庫.
瀧川裕英編著（2022）『くじ引きしませんか？――デモクラシーからサバイバルまで』信山社，法と哲学新書.
田中治男（2009）「フランス大革命期の憲法論におけるConventionの思想」，『武蔵野大学政治経済研究所年報』第1号，263-79頁.
田上雅徳（2015）『入門講義　キリスト教と政治』慶應義塾大学出版会.
ダン，ジョン（1983）『政治思想の未来』半澤孝麿訳，みすず書房.
堤林剣（2016）『政治思想史入門』慶應義塾大学出版会.
堤林剣・堤林恵（2021）『「オピニオン」の政治思想史――国家を問い直す』岩波新書.
ディキンスン，H・T（2006）『自由と所有――英国の自由な国制はいかにして創出されたか』田中秀夫監訳，ナカニシヤ出版.
ディケンズ，チャールズ（2017）『オリヴァー・ツイスト』加賀山卓朗訳，新潮文庫.
デュルケーム（2018）『自殺論』宮島喬訳，中公文庫.
遠山隆淑（2017）『妥協の政治学――イギリス議会政治の思想空間』風行社.
トクヴィル（2005）『アメリカのデモクラシー』第1巻，上下巻，松本礼二訳，岩波文庫.
トクヴィル（2008）『アメリカのデモクラシー』第2巻，上下巻，松本礼二訳，岩波文庫.
中澤達哉編（2022）『王のいる共和政――ジャコバン再考』岩波書店.
ニーチェ（1993）『ニーチェ全集4　反時代的考察』小倉志祥訳，ちくま学芸文庫.
ハイエク，F・A（2007）『ハイエク全集I－5　自由の条件I―

クリーガー，Ｌほか（1988）『権威と反抗』川崎修ほか訳，平凡社.
クリック，バーナード（2004）『デモクラシー』添谷育志・金田耕一訳，岩波書店.
グリーン，Ｔ・Ｈ（1970）「自由立法と契約の自由」，『國學院大學栃木短期大學紀要』山下重一訳，第８号，65-86頁.
ケインズ，Ｊ・Ｍ（1981）『ケインズ全集９　説得論集』宮崎義一訳，東洋経済新報社.
ケインズ，Ｊ・Ｍ（2010）『説得論集』山岡洋一訳，日本経済新聞出版社.
ゴイス，レイモンド（2004）『公と私の系譜学』山岡龍一訳，岩波書店.
権左武志（2013）『ヘーゲルとその時代』岩波新書.
佐伯啓思・松原隆一郎編著（2007）『共和主義ルネサンス――現代西欧思想の変貌』ＮＴＴ出版.
佐々木毅編（1995）『自由と自由主義――その政治思想的諸相』東京大学出版会.
佐々木毅（2007）『民主主義という不思議な仕組み』ちくまプリマー新書.
佐々木毅（2012）『よみがえる古代思想――「哲学と政治」講義Ｉ』講談社学術文庫.
佐々木毅・鷲見誠一・杉田敦（1995）『西洋政治思想史』北樹出版.
シュタフ，Ｉ＆Ch・ミュラー編著（1989）『ワイマール共和国の憲法状況と国家学――Ｈ．ヘラー，Ｃ．シュミット，Ｈ．ケルゼン間の論争とそのボン共和国への影響』安世舟・山口利男編訳，未來社.
シュミット，カール（2000）『カール・シュミット時事論文集――ヴァイマール・ナチズム期の憲法・政治論議』古賀敬太・佐野誠編，風行社.
シュミット，カール（2015）『現代議会主義の精神史的状況』樋口陽一訳，岩波文庫.
杉田敦（2015）『境界線の政治学　増補版』岩波現代文庫.
スキナー，クェンティン（1991）『マキアヴェッリ――自由の哲学者』塚田富治訳，未來社.

参考文献

【邦語文献】
青木康（2018）『歴史総合パートナーズ②　議会を歴史する』清水書院.
網谷壮介（2018）『カントの政治哲学入門――政治における理念とは何か』白澤社.
アリストテレス（2001）『政治学』牛田徳子訳，京都大学学術出版会.
岩田靖夫・坂口ふみ・柏原啓一・野家啓一（1993）『西洋思想のあゆみ――ロゴスの諸相』有斐閣.
ヴェーバー，マックス（1989）『プロテスタンティズムの倫理と資本主義の精神』大塚久雄訳，岩波文庫.
ウェーバー，マックス（2018）『仕事としての学問　仕事としての政治』野口雅弘訳，講談社学術文庫.
宇野重規（2020）『民主主義とは何か』講談社現代新書.
梅澤佑介（2020）『市民の義務としての〈反乱〉――イギリス政治思想史におけるシティズンシップ論の系譜』慶應義塾大学出版会.
オークショット，マイケル（2013）『政治における合理主義』増補版，嶋津格ほか訳，勁草書房.
小野紀明（2015）『西洋政治思想史講義――精神史的考察』岩波書店.
蔭山宏（1986）『ワイマール文化とファシズム』みすず書房.
蔭山宏（2020）『カール・シュミット――ナチスと例外状況の政治学』中公新書.
カント（1974）『啓蒙とは何か　他四篇』篠田英雄訳，岩波文庫.
カント（2006）『永遠平和のために／啓蒙とは何か　他３編』中山元訳，光文社古典新訳文庫.
キケロー（1999）『キケロー選集8』岡道男訳，岩波書店.
ギャンブル，アンドリュー（2002）『政治が終わるとき？――グローバル化と国民国家の運命』内山秀夫訳，新曜社.

ヤ　行

ラ　行

ナ　行

ハ　行

マ　行

人名索引

ア　行

カ　行

サ　行

タ　行

ちくま新書
1777

民主主義《みんしゅしゅぎ》を疑《うたが》ってみる
――自分《じぶん》で考《かんが》えるための政治《せいじ》思《し》想講義《そうこうぎ》

二〇二四年二月一〇日　第一刷発行

著　　者　梅澤佑介（うめざわ・ゆうすけ）
発 行 者　喜入冬子
発 行 所　株式会社　筑摩書房
　　　　　東京都台東区蔵前二‐五‐三　郵便番号一一一‐八七五五
　　　　　電話番号〇三‐五六八七‐二六〇一（代表）
装 幀 者　間村俊一
印刷・製本　三松堂印刷　株式会社

ISBN978-4-480-07603-8 C0231